PROCESS ECONOMY

プロセスエコノミー

あなたの物語が価値になる　尾原和啓

YOUR STORY IS WORTH IT

KAZUHIRO OBARA

幻冬舎

プロセスエコノミー　あなたの物語が価値になる

はじめに

今、〝良いもの〟を作るだけではモノが売れない時代になりました。

インターネットによって一瞬で情報が行き渡って、一瞬でコピーできるようになったので、どれもこれも似たり寄ったりの機能、性能になりやすいです。

テレビや冷蔵庫を買うときに、シャープでも東芝でもそう大きくは変わらない。気づけば、便利で安価なんだけれど、似たような製品・サービスにあふれ、新製品の発表に昔ほどワクワクしない。

どこかが新技術を開発しても新興国の後発メーカーがすぐに台頭してきて、安売り競争でヘトヘトになる。

これは個人のクリエイターでも同じです。世界中の人がすぐに真似ができてしまうので、YouTubeやInstagramのスタイルはひとたびはやると、どれも似たようなものであふれてしまう。

もはや完成形で差をつけるのってしんどい。そんなことを感じたことはありませんか?

このような人もモノも埋もれる時代の新しい稼ぎ方が、プロセス自体を売る「プロセスエコノミー」です。

なぜならプロセスはコピーできないからです。

自分のこだわりを追求する姿、様々な障壁を乗り越えながらモノを生み出すドラマはその瞬間にしか立ち会えません。

本当に自分がやりたいことをやって、作りたいものを作って生きていくために、プロセスエコノミーは強力な武器になります。

このプロセスエコノミーは私が考えた言葉ではなく、クリエイターの制作現場をライブ配信する「00:00 Studio」(フォーゼロスタジオ)を立ち上げた「けんすう」さんが初めて言語化しました。

プロセスエコノミーという聞きなじみのないカタカナ言葉を、どこかとっつきにくい、難しいと思ってしまう人もいるかもしれません。

しかし、この本を手に取り読んでくださっている皆さんも、きっと生活のどこかにプロセスエコノミーを取り入れているはずです。

プロセスエコノミー的な考え方はこれからを生きるすべての人に関係がある話で、特別な人にだけ必要な概念ではないのです。

はじめに、けんすうさんがプロセスエコノミーについて最初に書いたnoteを参考にしながら説明しましょう。

「プロセスエコノミー」をわかりやすく理解するために、まず逆の概念を考えてみましょう。これを仮に「アウトプットエコノミー」とします。

アウトプットエコノミーは、「プロセスでは課金せずに、アウトプットで課金する」というものです。たとえば、

—音楽を作っているところではお金は稼がず、できた音楽を売る
—映画を作っているところではお金は稼がず、できた映画を売る
—料理を作っているところではお金は稼がず、できた料理を売る

などです。

売り方は、お客さんから直接課金するケースもあれば、テレビのように広告モデルにするなど両方がありますが、どちらもアウトプットで稼いでいるという点では同じです。

このように、アウトプットエコノミーとは、普通の人が考える、極めて一般的な商売の仕方です。

では、アウトプットエコノミーでは何が大事でしょうか？　それは、製品の品質

や流通価格、マーケティングなどがポイントになります。要は、いいものを作って、安く提供して、適切に知ってもらい、適切に届ける、ということです。

なので、みんな、いい製品を大量に作って、値段を手頃に抑えて、広告や口コミなどを通じて認知を広げ、流通などをしっかりと固めてちゃんと届ける、ということをやります。

そして、そのアウトプットエコノミーで何が起きているかというと、すべての水準が上がり続けているという状況です。品質もいいし、値段も手頃だし、流通もしっかりしていてちゃんと届きます。

そして、水準が上がりきった結果、差が小さくなっているというのが今の状況です。

たとえば、20年くらい前の飲食店は、おいしくないところも結構ありました。なので、無難なチェーン店とかに行ってたんですが、今はどの店に入っても外れがないんです。

その理由は2つあると思っています。

1つ目は、ネットを通じて飲食店の運営方法や、おいしい料理の作り方の情報などが流通し尽くし品質が上がっていること。品質を上げるための情報が手に入りやすくなっています。

ヨーヨーの世界チャンピオンのＢＬＡＣＫさんという方が友だちなのですが、彼が言っていたのは「YouTubeが普及してから、世界中の子どもたちのレベルが桁外れに上がった」ということです。

それ以前は、ヨーヨーを学ぼうと思っても、狭いコミュニティ内でしか知識の流通がないので、そこまでレベルが上がらなかった。しかし、YouTubeで、一気に世界レベルのテクニックを誰でも見られるようになって、ぐんと視座が上がり、またスキルの流通もされた、ということです。

そんなこんなで、音楽でも、アマチュアの曲を聴いてもかなり高レベルだな……ということが増えましたし、Twitterでアマチュアのマンガ家さんでもすごい画力だったりする、みたいなことが起きていて、アウトプットの質がどんどん向上しているというのがあります。

そして、もう１つは、口コミが広がるスピードの速さです。

たとえば飲食店なら、食べログなどのレビューサイトで、おいしくない店がすぐわかるようになって、ユーザーが避けるようになり、割と早めに淘汰されます。

これは他の分野でもそうで、変なことをする人やダメなプロダクトの口コミが広がりやすすぎて、「マーケティングや流通などをがんばっても、製品が悪いと淘汰される」ということが起きているんじゃないかと思っています。

ということで、この2つの要因によって、「だいたいどの分野でもクオリティが高くなっている」という感じになっています。

つまり、ちょっとやそっとのクオリティでは、差別化が難しくなっているのが現状だと考えています。

その結果……、品質の高さによって、マーケティングや流通の差を逆転させる！みたいなことが起こりにくくなっています。

品質にそこまで差がないなら、マーケティングや流通、ブランディングにお金をかけられるほうが強くなります。結果として、格差が広がっているんじゃないかと思っています。

勝ち組のプロダクトはより勝っていき、そうでないプロダクトは、たとえ良いものでも、陽の光を浴びなくなっている、という感じになっている気がします。

また、消費者も、「基本的にどのプロダクトもいいから、何を選ぶのかにはあまりこだわらない」ということも起きています。

そんな状況なので、プロセスが相対的に重要視されるようになってきました。

なぜプロセスを見られるようになっているかというと、「アウトプットエコノミーが一定の規模まで到達したことで、もう差別化するポイントがプロセスにしかない」となったからだと考えています。

たとえばファッション誌などを見ると、最近のトレンドの一つは、サスティナブルです。

地球環境にいいもの、ちゃんと製作プロセスに気を配ったものが注目されています。安い労働力で、発展途上国の人を酷使して作られたものや、環境を破壊して作られた服などはみんな避けたいと思っているわけです。

服は、ファストファッションでも有名ブランドでも、どちらもかなりクオリティが高くなっているので、こだわりが少ない人にとっては差がつきにくくなっています。洋服のプロに聞いても「ユニクロの3990円のジーンズと、リーバイスの1万円を超えるジーンズ、質には差はない」と言ったりします。

なので、洋服を作るプロセスだったり、プロセスにおける物語だったりが、相対的に重要になっているのかなと思います。

というわけで、アウトプットの差がなくなったことで、価値を出すならプロセス、という感じになっているのです。

そして、プロセスに価値が増えていった先にあるのが、プロセスエコノミーです。プロセスに価値があるなら、究極、プロセス自体でもう課金しちゃうほうがいいんじゃない？　という動きも出始めています。

たとえばマンガ家さんなら、マンガを売るというより、「マンガを描いている姿をライブ配信して、そこで投げ銭をもらう」みたいなイメージです。

これと似たようなものは昔からあり、たとえば古くはＡＳＡＹＡＮという番組がありましたし、最近だとNizi Projectですね。もちろん、ドキュメンタリーとか、映画のメイキングとかもプロセスを製品化している形としてあります。

プロセスエコノミーとは、この形がより盛り上がるイメージです。

ただ、ＡＳＡＹＡＮやNizi Projectみたいな形は、「ドキュメンタリー自体をショーとして作っている」という性質があります。いってしまえば、「プロセスを、パッケージして、ちゃんとアウトプットしている」んですね。

しかし、インターネットとＳＮＳの普及によって生まれるプロセスエコノミーでは「単にプロセスを垂れ流ししているだけでも課金される」というのが可能なんじゃないかなと思っています。

なぜかというと、「コミュニケーションはかなり強いコンテンツ」だからです。

高城剛さんが、昔「女子高生にとって最大のキラーコンテンツは彼氏からのメールである」と、メールが普及し始めたころに言っていて、極めて秀逸だなと思ったんですが、コミュニケーションって異常にコンテンツ力があるんです。

DeNAのPocochaとか、SHOWROOMとかのライブ配信サービスはまさにそれです。画面の先に人がいて、リアルタイムでやり取りすることはすごい価値がある。Pocochaが DeNAにおいて、ゲーム並みの収益が期待されているのも納得です。なので、単にライブ配信などで、リアルタイムにプロセスを見せているだけでもつながっている感を覚えたり、そこでコメントしたら反応してくれるだけで、メチャクチャうれしかったりするのです。

プロセスエコノミーの何がいいかという点は、主に3つあります。

1つ目はアウトプットを出す前からお金が入る可能性があるということです。たとえば1年かかる制作物をクリエーターが出す場合、1年間無報酬、みたいなことがありえるわけで、こうなるとまだ知名度がないクリエーターなどは大変な思いをしないといけなかったりします。

そして、アウトプットが売れるかどうかもわからない。1年かけて作ったけど、まったくお金が入らない、ということが起こりえるわけです。プロセスから課金できていると、1年かけて大きなチャレンジをするときに、それ自体を応援する人がいれば、生活を少し安定させる、というのも可能なわけです。

この事例で一番成功しているのは、キングコングの西野亮廣さんでして、西野さんのオンラインサロンは7万人以上の登録会員がおり、会費は月1000円弱です。となると、年間で約8億円、西野さんはクリエーターとしての活動に使えることになります。

そうすると、土地を買って美術館を建てよう、とか、5000万円を使って、MVを作ろう、などの、今まで個人ではできなかった規模のチャレンジができるようになるということです。

プロセスが応援されるには、チャレンジングなことをしたり、大きな目標に向かうほうがいいわけなので、生活のために無難なことをするよりも、見たことがないクリエイティブなことをしよう、みたいなモチベーションになるので、おもしろい作品が生まれる可能性があるかなと思っています。

2つ目としては「寂しさの解消」です。

クリエーターなどは、1人で作業をすることも多く、孤独感があります。マンガ家さんやイラストレーターさんなどは特にそうです。なので、少しでも誰かとつながっているのを感じたいというのがあったりします。

プロセスを発信したり、ライブ配信をしたりすることで、少しでも見てもらったりコメントをしてもらえるだけで、そこがだいぶ和らいだりします。

そして3つ目が、「長期的なファンを増やせるかも」というところです。

「最終的なアウトプットがだいたい同じなら、より感情移入しているほうが勝つ」ということがあります。なので、何か作品を出したときに、シェアしてくれたり、広げてくれたり、買ってくれたりする可能性も高くなります。

プロセスから知っているので、アウトプットされたコンテンツを一瞬で消費して忘れる、ということはなく、長期的に応援してくれる人になったりします。

ＣＡＭＰＦＩＲＥなどのクラウドファンディングをやる理由もここが強くあり、共犯関係を作ることが重要になってきています。

ここまで読むと、プロセスエコノミーという言葉を聞いたことのなかった読者の方も、すでに生活のどこかで関係しているということに気がつくのではないでしょうか。クラウドファンディングを通して誰かのプロセスを応援したり、あるいは自らがＳＮＳで商品の開発過程を発信したりすることによって顧客やファンを増やしていることもあるのではないかと思います。

少なくともプロセスエコノミーと完璧に無縁で、アウトプットエコノミーだけで生活をしているという人はいないはずです。ほとんどの人は、何かしらの形で生活や仕事の中にプロセスエコノミーが自然と組み込まれているのです。

にもかかわらず、プロセスエコノミーの話をすると「なんか邪道だな」と眉をひそめる人がいます。

たしかに従来の商売の考え方からするとプロセスでお金を儲けること、もしくは発売前にプロセスを公開して話題作りをすることは邪道に思われるかもしれません。商売というのは人知れず努力し納得できる状態になってから人前に出すものだ、という価値観の人も多いと思います。

しかしながら今後多くの業態において、プロセス自体に課金をしてもらうことや、プロセスを共有することによって、初期のファンを作ったり、熱のあるコミュニティを拡大したりすることが求められてきます。

SNSが普及しきって、情報やコンテンツが爆発的に増えました。一部の有名人やインフルエンサーだけでなく、誰でも自分の仕事やサービス、商品をPRしています。そんな1億総発信者社会において「〇〇を作りました」とアウトプットだけをアピールしても埋もれてしまいます。

繰り返しますが、今は人もモノも埋もれてしまう時代です。そんな中、プロセスを共有し、たとえ少数でも熱いファンを作ることは大きな武器となるのです。

本書ではけんすうさんが言語化した「プロセスエコノミー」という新しい概念を、インターネットの歴史と最先端を見続けてきた私が、多様な側面から捉え直し、多くの読者の皆さんに役立つメソッドとしてわかりやすく提示します。

いきなりプロセスエコノミーが重要だと言われても、何から手をつけたらいいのかわからないと思います。

プロセスに価値を乗せるには、作り手がそこにストーリーを込めたり、なぜやるか（Why）という哲学を示すことが大切です。

さらに作り手一人では限界があるので、ユーザーをファンにし、セカンドクリエイターとして巻き込み、熱量を上げていく必要があります。

ファンがコミュニティになっていけば、ファン一人一人が新しい物語を生み出し、さらに熱量も上がり、新しい人をひきつける。そしてその結果、多様な物語が生まれ、さらに新しい人をひきつける……。仕組みとして価値がたまるので、他の企業やサービスと埋めようのない差が次第に生まれていきます。

これがClubhouseに投資しているアンドリーセン・ホロウィッツが「Community Takes All」（コミュニティを制するものがすべてを制す）と言うゆえんです。

プロセスエコノミー以前の時代は「Winner Takes All」（勝者がすべてを制す）と言われていました。

勝者と呼ばれるくらいのプレーヤーがユーザーをひきつけ、ユーザーがビジネスパートナーをひきつけ、ビジネスパートナーがさらにユーザーをひきつけるので、勝者たる先行者が得をするというループが昔の勝ちパターンでした。

つまり、先行者利益をいかに誰よりも早く握るかで、ビジネスの帰《き》趨《すう》が決まると考えられていたのです。しかし、プロセスエコノミーの時代ではユーザーがコミュニティ化し、新たなユーザーをひきつけるループのほうが大事なのです。

新しいサービスを生み出す起業家、見たことのない表現にチャレンジするクリエイターにとってプロセスエコノミーの流れを理解することは必須です。

なぜなら、素晴らしい発想やアイデアをもっていたとしてもアウトプットで収益化する前に力尽きてしまう人が多いからです。

また、既存のビジネスのやり方に行き詰まりを感じたり、同業他社との不毛な価格競争に悩んだりしている企業や個人にとっても新しい収益方法となるはずです。

本来の価値とは関係のない宣伝活動や、売れても売れても正当に稼げなくなる値下げ合戦。そういったものに巻き込まれないために、プロセスを通して本質的なファンを作るべきなのです。

本書では、プロセスエコノミーの未来予想図についても解き明かしていきます。プロセスエコノミー的な発想や価値観が根付くと、企業や社会、そして個人はいかに変わっていくのか。

ゴールから逆算してステップアップしていく生き方ではなく、日々歩いていること自体に喜びを感じ、瞬間瞬間のひらめきに従って柔軟に対応していく生き方。

変化の早い時代にはこちらのほうが合っているかもしれません。

本書では古今東西、日本未翻訳のロジックを含めて編纂しているため、ゲラ段階で西野亮廣さんからは「めっちゃ空中戦ですね」と、山口周さんからは「著者の洞察に舌を巻いた。この変化は多くの組織・人材に根本的な思考・行動様式の転換を求めることになる」と感想をいただきました。

カタカナ・英語が多くちりばめられていますが、レゴのように組み合わされて変化の構造が自分の武器になるよう書かれていますので、わからないカタカナ・英語があっても止まらず、読み進めていただき、未知から未来が見えてくるプロセスを楽しんでみてください。

本書を通じて新しい風を、ポジティブなメッセージを、受け取っていただけたら幸いです。

2021年7月

尾原 和啓

目次

第4章

プロセスエコノミーの実践方法

第7章 プロセスエコノミーは私たちをどう変えるか

おわりに　スマートシティと「20 minutes city」

第1章

なぜプロセスに価値が出るのか

乾けない世代の誕生

なぜアウトプット（完成型）と同じようにプロセス（過程）にも価値が出るのか。アウトプットの微妙な差異よりも、生産者の顔が見えたり、制作プロセスを共有したりすることに魅力を感じるようになっているのか。

あらゆる情報がネットによってものすごい勢いでシェアされるようになり、商品のクオリティだけで差別化することは難しくなりました。

このことは「はじめに」で指摘したとおりです。

この指摘に加え、ここでは若い世代の価値観の変化について言及します。

私は4年前に『モチベーション革命　稼ぐために働きたくない世代の解体書』（幻冬舎）という本を書きました。この本の中で「乾けない世代」という言葉を使い、この変化を論じました。

簡単に言うと、30代以下の「乾けない世代」は、生まれたときから社会に「ないものがない」時代で育ってきました。

必要な家電はすべて一家に一台あり、小さい頃からコンピュータや携帯電話に触れ、娯楽も充実している。物質的に飢えるということを経験していません。

一方で、それ以前の「乾いている世代」は、社会に「ないものばかり」でした。

乾けない世代が重要視する「幸せの3要素」

アメリカ人心理学者マーティン・セリグマンが唱えた「幸せの5つの軸」というものがあります。

その5つとは「達成」「快楽」「良好な人間関係」「意味合い」「没頭」です。

「乾いている世代」は、最初の2つ「達成」「快楽」を重視して働いていました。一生懸命仕事をし、高い報酬や出世という「達成」を、美食や物欲を満たすという「快楽」を追い求めました。

「成功者」と言われるようなワンランク上の生活を手に入れることが幸福だったのです。

しかし「乾けない世代」は、「ないものがない」社会で育ったので、達成や快楽を満たすということに重きを置いてはいません。そこに対する飢えが少ないのです。

それよりも、精神的な要素が強いです。

つまり「良好な人間関係」「意味合い」「没頭」という後者の3つの軸に幸せの価値を置いています。物質的なモノより内面的なコトに価値を感じる。ある意味、ぜいたくになったという言い方もできるかもしれません。

必然的に消費においても、欲を満たしたい、他人が羨むようなものが欲しいというような価値観ではなく、自分が心から好きだと思えるものが欲しい、その企業のビジョンや生産者の生き方に共感できるものを買いたいといった想いをもっています。

結果的にアウトプットをただ消費するのではなくプロセスを共有すること自体に価値を感じ始めているのです。

「役に立つ」より「意味がある」

著作家の山口周さんは別の視点でこの価値観の変化を言い表しています。

著書の『ニュータイプの時代　新時代を生き抜く24の思考・行動様式』（ダイヤモンド社）で、これからの社会では「役に立つ」ことより「意味がある」ことのほうが価値があると指摘しました。つまり、ただの生活必需品のような役立つ商品ではなく、自分らしい人生を生きるうえで特別な意味を与えてくれるもののほうが価値が高いということです。

次に引用します。

コンビニの棚は極めて厳密に管理されており、商品を棚に置いてもらうことは簡単なことではありません。だからハサミやホチキスなどの文房具はほとんど1種類しか置かれていません。しかし、それで顧客が文句を言うことはありません。

一方で、そのように厳しい棚管理がなされているコンビニにおいて、1品目で200種類以上取り揃えられている商品が存在します。それはタバコです。

ハサミやホチキスは1種類しか置かれていない一方で、タバコは200種類以上が置かれている。なぜそういうことが起きるのかというと、タバコは「役に立たないけど、意味がある」からです。

ある銘柄が持つ固有のストーリーは他の銘柄では代替できません。

セブンスターを愛飲している人にとってセブンスターという銘柄は代替不可能、唯一無二の存在なのです。人が感じるストーリーは多様なので銘柄もまた多様になるということです。

またこんな例もあります。

それは自動車業界が提供する価値の市場というもので、具体的には左図のようなフレームワークで考察できます。

このフレームでは顧客に提供している2つの価値軸に沿って市場を整理しています。

2つの価値軸とは、すなわち「役に立つ・立たない」という軸と「意味がある・ない」という軸です。

つまり、「役に立つ」というのは1種類でよく、価格勝負になりやすく、勝者総取り。

対してそれが「意味がある」というフェラーリのようなものでは、希少で価値が生まれやすい。要は高く売れるということ。

そしていろんな種類が受け入れられるので多様化もする。

この2つの例からわかることは、役に立つものというのは1つあればいいということです。

コンビニで2番目によく切れるハサミ、3番目に切れるハサミなんていらないの

自動車業界が提供する価値の市場

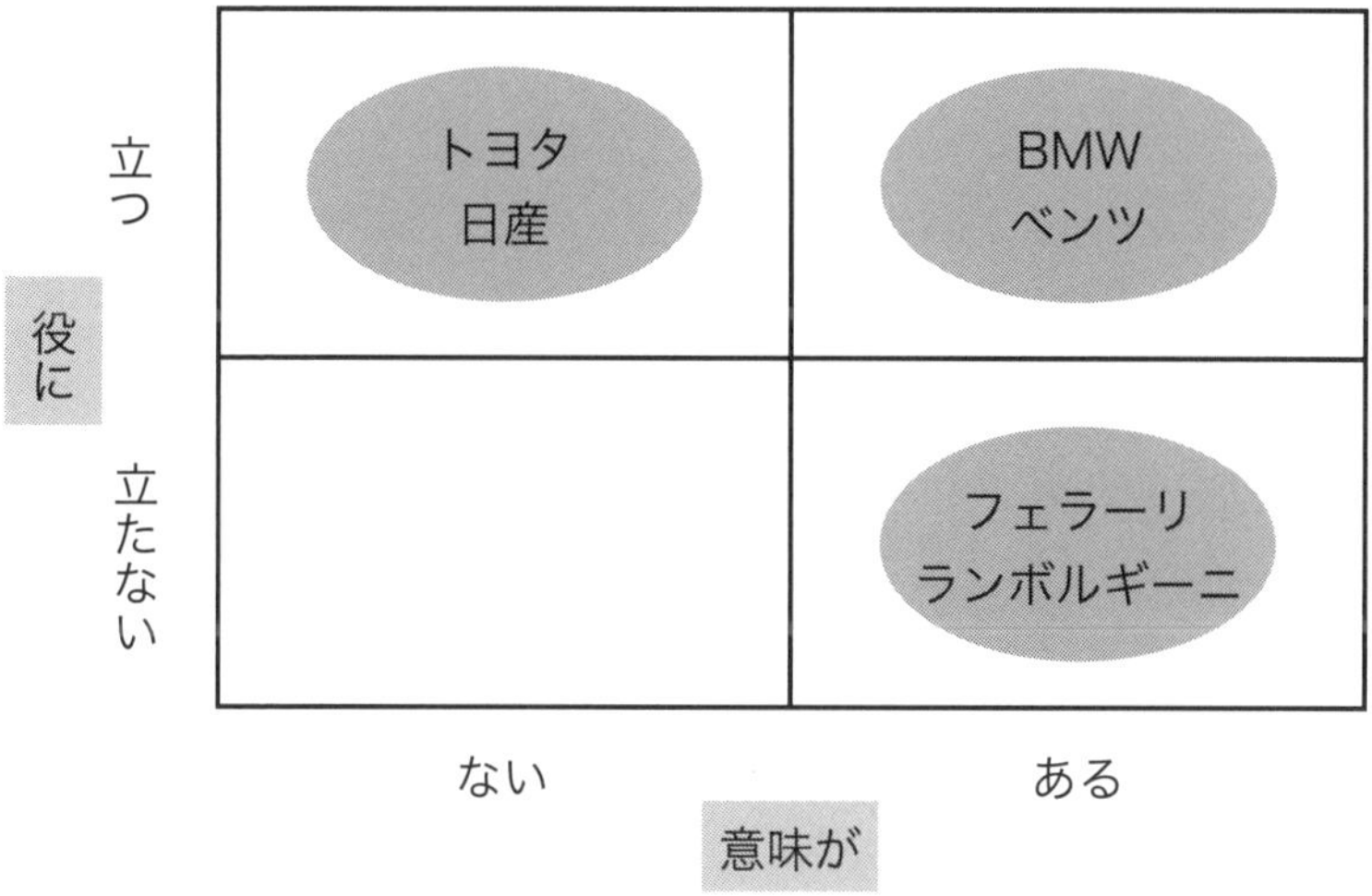

参照：ダイヤモンド・オンライン／【山口周】アップルはいかに「文学」になったのか
(https://diamond.jp/articles/-/208503)

です。

自動車もハイブリッドカーが必要ならばもうプリウス一択でいいわけです。第2のプリウス、第3のプリウスなんてものは顧客は求めていない。機能性が優れているものは1つあればこと足りる。

そして勝者総取りとなるわけです。

しかし、かたや機能性ではなくストーリーがあるものに対しては1つでなくて構わない。むしろ多様性がありなおかつその価値はかなり高い。

たとえばランボルギーニという車には機能性なんてものは一切ありません。それこそ雨が降ったら乗るなだとか、ガルウィングの使い勝手が悪いだとか、荷物が乗らないだとか、後方視界がないだとか、上げればキリがありません。

でもその価格は1000万~数億もするのです。役に立つレベルは低いのに価値は超高い。なぜならそこには乗る意味が存在するから。

つまり、役に立たなくても意味がある方が市場価値が高い、ということなのです。


この話は、現代人の価値観の変化を端的に示しています。

「役に立つ」より「意味がある」のほうが価値が高い世の中において、私たちはどのような戦略をもってビジネスをしていくべきなのでしょうか。

山口周さんが書いたように、「役に立つ」を目指す場合は勝者の椅子は世界に1つしかない。そのたった1つの椅子を目指して戦うか、それを選ばない場合は「意味がある」を大切にしなくてはいけません。

商品やサービスが生き残るためにはどちらか両極に行くしかなく、中途半端なものは淘汰されます。

そして「意味がある」を目指す場合、そのプロセスを消費者と共有し、その「意味」を伝えていくプロセスエコノミーが、重要な役割を果たすのです。

グローバル・ハイクオリティかローカル・ロークオリティか

「役に立つ」と「意味がある」。価値が二極化し、中途半端なものはなくなっていく。

このことを世界で活躍する日本人アーティストであるチームラボの猪子寿之さんは、グローバル・ハイクオリティかローカル・ロークオリティかという言葉で表現されています。

2014年と少し前の連載なのですが、これから仕事をしていくうえで誰もが意識しておかなければならないことなので、『GQ JAPAN』2014年7月号から一部を引用いたします。


今後、都市は、世界で競争力のあるスーパー・ハイクオリティに携わる層と、強いコミュニティを持つ層に分断されていくのではないかと思っています。

どういうことかと言うと、インターネットが国家間の境界線をますます消滅させていくと、コンテンツやモノ、サービスは国内産か国外産かの意識もされず、世界でもっともクオリティの高いものが選ばれていきます。

そして、世界から選ばれるものは、グローバルがマーケットとなるわけですから、圧倒的な資本の厚みができる。簡単に言うとクオリティに対してもっともっとお金がかけられるようになるわけです。

ローカル内では、もっともクオリティが高くても、世界で通用しないクオリティのものは、ローカルからしかお金が集まりません。そのため、クオリティにかけられるお金が相対的に少なくなり、グローバルに選ばれたハイクオリティとの間に質的な差が生まれていき、ますます選ばれなくなっていくのです。

インターネットは一方で、コミュニティの構築と参加を容易に、そして規模も大きくしました。

コミュニティが大きくなったために、自分が入っているコミュニティ内からコンテンツやモノ、サービスなりを選ぶことが可能になりました。

インターネットより以前は、コミュニティが小さく、コミュニティの中から何かを選ぶことは現実的には難しかったのです。

インターネットが容易にコミュニティを大きくしたために、自分の知っている人だとか、その友人が作っているものから、自分の欲しいものを選ぶことが可能になったのです。

もっと言えば、コンテンツやモノ、サービスは〝コミュニティとセットで欲しくなる〟、つまり、〝コミュニティとセットになって価値が上がる〟のです。

コンテンツやモノ、サービスのアウトプットそのものだけではなく、出来上がるまでのプロセスであったり、誰が作っているかであったり、あとは、コミュニティ内でのコミュニケーションのためであったり、そのようなことが価値を作っているのです。

それらは、クオリティとは、別の価値です。コミュニティという別の価値が存在するため、マーケットでの価格に対するクオリティのようなものは無視され、クオリティに対して価格が高くても成り立つのです。

そして、提供する側も、コミュニティという別の価値が存在するため、提供すること自体がコミュニティへの参加であり楽しいのです。だから、場合によっては、マーケットよりも非常に安かったり、無料で提供することも起こります。つまり、場合によっては、非経済モデルにもなりえるのです。

いっぽうハイクオリティに携わる層の多くは、世界で勝ち続けないといけないので、世界の競争にさらされ、仕事がより激化します。そして、世界がマーケットであるため、ある程度世界を転々としなければなりません。

（中略）

世界は、やがて、ローカル・ハイクオリティが死に絶え、グローバル・ハイクオリティでノーコミュニティ層と、ローカル・ロークオリティでコミュニティ層の組み合わせに分かれていくでしょう。それらは、交わることなく、より分断されていきながら社会への影響力を強めていくのです。

何にせよ、明日生き残るために、僕らは、ローカル・ハイクオリティのモデルからさっさと足を洗い、グローバルでハイクオリティなモデルか、ローカルでコミュニティなモデル、それらのどちらかを選んだ方が良い、ということなのかもしれません。


ここで猪子さんが指摘しているのは、私たちが生き残っていくためには世界の誰が見ても圧倒的に質が高いグローバル・ハイクオリティを目指すか、知り合いの○○さんが作っているモノなら買いたいという、特定のコミュニティにおいて熱い想いで支持されるローカル・ロークオリティを目指すかの2択で、中途半端はないということです。

つまり前者を選ぶのであれば、圧倒的なお金と人材を使ったパワーゲームで勝つ必要があります。

もしそこを目指さないのであれば、プロセスやコミュニティでクオリティを補完し、また補完することに参加者の喜びが生まれる仕組みを作らなければいけません。読者の皆さんはどちらを目指すべきでしょうか?

もちろん正解はなく、企業や個人の目標設定次第ですが、後者を目指すのであれば、やはりプロセスエコノミーを正しく理解する必要があります。

所属欲求を満たすための消費活動

プロセスエコノミーの大切さを理解するうえで、もう一歩踏み込んで、個人が何を求めて消費をするかを考えていきましょう。

今の消費者は物質的なモノより内面的なコト。「役に立つ」より「意味がある」に価値を感じる、と前述しました。

さらに言うと、自分のアイデンティティを支えてくれる、自分の所属欲求まで満たしてくれることをブランドに求め始めているのです。

なぜか。それはリアルの世界でのコミュニティの消滅という要因があります。90年代以降の30年間を通じて、都市部は「隣に住んでいる人の顔も名前も知らない」という人類史上初めての状態に突入しました。

それまで人々は、自分が生まれた場所で他人と支え合って生きてきたわけです。自然災害や感染症など予期せぬ生命の危機に見舞われたり、食糧の危機が起きたりすることがあります。そんなときには隣近所、向こう三軒両隣で支え合いながらなんとか生き延びてきました。

所属欲求なんてわざわざ抱かなくとも、人々は必要に迫られ自分が暮らしているリアルな場所で地域コミュニティに所属していました。

しかしながら、今や隣に住んでいる人の顔と名前を知らなくても困ることはありません。逆に下手に近所づきあいをしてしまうと、近隣住民とのトラブルが発生するリスクすらあります。

おかしな人と出会ってしまったときに、ネット空間であれば引っ越しは簡単ですが、リアル空間ではそうそう簡単に引っ越しするわけにはいきません。

次第に人々は近所づきあいをしなくなりました。都市部には大勢の人が密集しているのに、いつでも集えるリアルな場所がどこにもなくなってしまったのです。

近所づきあいと同様に人々の所属場所であった会社も同じようにその機能が薄まりました。

今や「社員は家族と一緒だ」「社員一丸となってがんばろう」という言い方をすると、「それはパワハラだ」と批判されてしまいます。企業に属する社員という立場より個人としての生き方のほうが尊重されます。

終身雇用制度も崩れ、副業や転職も当たり前にしますから、社員は会社への帰属意識なんてもちません。

核家族化が進んでいるのは言わずもがなで、もともとアイデンティティを満たしてくれていた①家族②ご近所③会社という三大所属先がすべて希薄化し、「どこかのグループに所属したい」という所属欲求を満たすことを消費活動にも求めるようになってきているのです。

不安な時代のアイデンティティとしてのブランド

毎年お正月に放送している「芸能人格付けチェック」という人気テレビ番組がありま す。1本何万円の高級ワインと、数百円のコンビニワインを飲み比べる。1台数億円の ストラディヴァリウスと、学生が使う安物のヴァイオリンを聴き分ける。AとBのどち らが正解かはわかりません。

自分はBが正解だと思ってBのドアを開いてみたら、部屋の中には誰もいなくてほか の解答者はみんなAの部屋にいた。すると「えっ、オレの判断間違ってたの……?」と、 とてつもない不安に駆られます。

山登りをしているときにみんなが右へ進んでいれば、一人だけ左の道を選ぶ人は稀で す。たとえ間違っていたとしても、多くの仲間が一緒に歩んでくれれば安心できるもの です。

大学の同級生には、高校時代の成績や偏差値が似通った人ばかりが集まります。外国 語学部なり理学部を敢えて選ぶ同級生は、趣味嗜好も似通っているものでしょう。

私たちは普通に生きていれば似た者同士のコミュニティに所属しているはずなのに、「芸能人格付けチェック」という番組は、そういった足場をいきなり取り払われてしまう不安感がミソなのです。

かつてであれば、自分が勤めている会社が似た生活レベル、同じような価値観をもった者同士のコミュニティになり、自分が選ぶべき選択肢をある程度自然に決めてくれました。

ところが今や、会社はコミュニティではなくなり、人生の選択肢をはっきりとは示してくれません。

人は自分一人で選択する場面に出合い、「この選択で正しいのか」という底知れぬ不安に駆られます。

世界はゆっくりと豊かになっていて、明日食べるご飯の心配をするほど困窮する国も少なくなってきています。

しかし食うに困らないからこそ、内面的な問題に突き当たります。「自分は今のままでいいのか」「自分は何のために働くのか」「自分は何のために生きるのか」という茫漠とした不安や悩みは、確実に渦巻いています。

こういう時代背景も、自分のアイデンティティとなるブランドを求める理由の1つです。

「信者ビジネス」の正体

高度経済成長期を迎える前の日本人は、生活は苦しいし、未来がどうなるかなんて誰にも想像がつきませんでした。

さらに1000年前、1500年前に生きていた人たちは、もっと先が見えなかったはずです。そんな不安な人間を支えてきたのが、「大きな物語」を示してくれる宗教でした。

空海（弘法大師）が創設した真言宗では「同行二人《どうぎょうににん》」という思想があります。西国三十三所《さいごくさんじゅうさんしょ》の霊場《れいじょう》を歩いて巡礼するのは、自分一人だけではありません。巡礼者の横では、いつも弘法大師が一緒に歩いてくれるのです。人生という冒険を、誰かが一緒に寄り添って歩いてくれる。右に進むべきなのか左に進むべきなのか迷ったときに、安心感を与えてくれる。そう思えるだけで、人の心の中から孤独と不安が解消されるのです。

しかし無宗教の人が多い現代社会では、「大きな物語」としての宗教がうまく機能しなくなりました。

もともと「religion」（宗教）という英語は、ラテン語の「religiō」（再びつながる）が語源です。神の物語から引き剝がされて生きている人間が、宗教を信じることによって、もう一度「大きな物語」とつながっていける。宗教を信じ教会に通うことによって、安心感と所属欲求が、もたらされる。同じ選択をした同志が自分のほかにもいることは、連帯感を増してくれます。

現代では、この役割をブランドと呼ばれるまでになっている企業が担っています。「スティーブ・ジョブズだったら『こっちに行け』と言うよな」「ＮＩＫＥのスニーカーを履いている人だったら『こっちがいい』と言うよな」。人生の選択を迫られた人が「転職をしてもいいんだ」「新しい生き方は決断したほうがカッコいいよな」と判断する基準をくれる。

人々は商品そのものだけではなく、そのブランドのメッセージに自分の生き方を重ね合わせているのです。そしてそれはアウトプットに至るまでのプロセスの共有においてなされるのです。

消費者が商品の質だけではなく、その思想やメッセージに共鳴し、商品を買ったり、応援したりする姿を見て「信者ビジネス」と揶揄する人もいます。

しかしながら、現代において人々の所属欲求を満たし、人生の進むべき道を照らすことは、商品の品質と同様かそれ以上に大切になってきているのです。

世界の若者の「日本のオタク化」

アイデンティティの置き場所が企業やインフルエンサーのネット上のコミュニティに移行しているのは世界的な流れです。

近年、世界中の若者も日本人っぽくなってきています。より正確に言うと、日本のオタクっぽくなってきているのです。

2015年にTwitter社に遊びに行ったときに「世界の中で日本だけが一人で複数のアカウントを使い分ける人が多いんだけど、なぜ?」と質問されました。

そのとき「日本は、人と人とのつながりが強く同調圧力が高いから、ネットの中ではリアルの人格とは別の人格を作って、自分の好きを探求しやすくするんだよ」という話をしました。

それが2018年になって彼から「アメリカでも複数アカウントを使い分ける若者が増えてきたよ!」と言われたのです。

彼ら彼女らは90年代後半以降に生まれた「Z世代」で、中学生のときには、Twitterと iPhoneが標準装備になっています。つまり誰かとつながっているのが当たり前の世代です。

個を大事にするというアメリカですら同調圧力が強くなり、社会人になり始めたときに自分の「好き」は別アカウントで追求する「オタク化」が起き始めてるのかな?と彼と話しました。

今の人の価値観に影響を与えるのは、生まれたときの経済状況や親の価値観など様々なものがありますが、特に大きな影響を与えるのは「いつネット上で人とつながるようになったのか」です。

団塊ジュニアは社会人になってから初めて自分のメールアドレスを取得し、インターネットで人とつながりました。

ミレニアル世代は社会に出る前、大学生のときにインターネットとつながりました。そのため、「新しいこと、楽しいことはネット上にある」という価値観をもっています。だからこそ、ネットにつながっていないと自分だけが取り残されてしまうのではないか、という不安感を覚えてしまいます。これはFOMO(Fear Of Missing Out)と呼ばれ、SNS病の1つとされています。

Z世代は中学生頃、いわゆる「厨二病」と呼ばれるような自意識が過剰になるタイミングでインターネットとつながりました。そのため、「ネットの中で自分はどう見られているか？」が価値基準となっています。

ネットの中で自分の人格をどう作るか、自分をどう見せるかというメタ認知力が高いのも、この世代の特徴です。ネットにつながり、情報を得ることがデフォルトなので、よりディープなオタクになります。

また、ミレニアル世代と違い、常時ネットにつながっているからこそ、ネットにつながらないことに不安感を覚えません。

ＪＯＭＯ（Joy Of Missing Out）と呼ばれ、むしろ取り残されることに喜びを感じることを言います。

それよりも若いα世代は生まれた頃からインターネットとつながっています。ネットのコミュニティごとに自分の人格が別というのが当たり前です。また、最初に出会う他人は「近所の公園にある砂場」ではなく「マインクラフト」と言われるくらい見知らぬ人とネット上でコミュニケーションを取ることに慣れています。

さらにα世代には「オーガニックリーダーシップ」があると言われます。

「フォートナイト」や「スプラトゥーン」などのオンラインゲームでは、知らない人たちと1ゲームごとに誰と組んで、誰と戦うかがシャッフルされて目的達成を競います。この場では自分はチームをリードするのか？　フォロワーに回るべきなのか？　という瞬間の判断がゲームの成否に大きく関わります。この判断を小さい頃から濃厚に繰り返すので、リーダーシップが育つというわけです。

世代によってインターネットとの距離が変わり、プロセスエコノミーとの距離はどんどん近づいています。

フィリップ・コトラーの「マーケティング4・0」

この話をマーケティングの観点からも考えていきましょう。

「近代マーケティングの父」と呼ばれるフィリップ・コトラーは「マーケティング4・0」を提唱しました。プロセスエコノミーについて考えるうえで、コトラーの理論はとても役立ちます。

▼マーケティング1・0＝製品中心のマーケティング⇒機能的価値訴求
▼マーケティング2・0＝顧客志向のマーケティング⇒差異的価値訴求
▼マーケティング3・0＝価値主導のマーケティング⇒参加価値訴求

▼マーケティング4・0＝経験価値志向のマーケティング⇒共創価値訴求

まず初期段階のマーケティング1・0では、ユーザーはとにかく必要な製品があればそれだけで喜んでくれます。

氷屋さんから大きな氷の塊を買って冷やす。これが昔の冷蔵庫でした。しかし氷が解けたら保冷の用をなしません。もし24時間365日食べ物を冷やしてくれる冷蔵庫があれば、いちいち氷を買いに行って補充する手間が省けます。まさに生活必需品です。

高度経済成長期には「三種の神器」という絶妙なキャッチコピーをつけて、冷蔵庫や洗濯機、白黒テレビをバンバン売りました。生活に足りないものをメーカーが埋めてくれるだけで、顧客は幸せになれたのです。

こういう時代には「その商品があればどれほど生活が豊かになるか」という商品中心のマーケティングをやっていれば、ビジネスは成り立ちました。

しかし大量生産によって商品が隅々まで行き渡るようになると、このマーケティング1・0をやっているだけではモノは売れなくなります。

経済的に豊かな消費者は「オレが欲しいものとあいつが欲しいものは違うんだ」と、どんどんワガママになるのです。自宅でハイボールをたくさん飲むお酒好きは、タンクの水から自動的にどんどん氷を作ってくれる冷凍庫が欲しい。

花粉やPM2・5のせいで苦しむ人の家には、細かいホコリや粒子を吸い取ってくれる空気清浄機が1部屋に1台ずつあったほうがいい。

マス（大衆）という「塊」に向けてモノを売るのではなく、「お酒好きな人」「花粉症の人」といったように、セグメント別に細かく顧客をターゲティングしなければ、モノが売れない時代が訪れました。これが第二段階のマーケティング2・0です。

社会がどんどん豊かになって成熟していくにつれて、顧客満足度はさらに形が変わっていきます。

欲しいものをただ買い揃えるだけでは、今や顧客は満足しません。「ただ使い勝手が良いだけでは足りない。会社が掲げるミッションや生き様が大事だ」という視点で、メーカーの姿勢を厳しく注視しています。

アメリカで人種差別が社会問題になれば、差別や偏見に反対する企業メッセージを即座に打ち出す。商品を売るためのCMではなく、「私たちはより良き社会を構築する主体者だ」というメッセージを発表する。

そこにクールさを感じたユーザーが、商品を買って企業活動を消費によって応援するのです。こういう時代には「誰もが生きやすい社会を作ろうじゃないか」といった社会的なメッセージを訴えるマーケティング3・0に切り替えなければ、モノは売れません。企業が掲げるミッションに共感したうえで購入してもらう。これがマーケティング3・

0です。

そして、コトラーは、さらにその先を行くマーケティング4・0を提唱します。モノやサービスがもつ「機能価値」はもはや輝きを失い、「感情価値」や「参加価値」が反対に光を増していく。すると消費者は製品やメッセージを消費するだけではなく、自分自身が価値創造に参加したいと考え始めます。

「すべてのサービスは自分が自分らしくなるためにある」。これがマーケティング4・0の重要な視点です。受動的な消費者に甘んじるのではなく、誰一人置き去りにしない世界を構築するために、消費者もメーカーの活動に参加し社会変革に挑戦していく。

これがマーケティング4・0の世界です。この論考はプロセスエコノミーの重要性を裏付けています。

たとえばアウトドアウェアのパタゴニアで買い物をすると、店頭でショップバッグはもらえません。環境を守るために協力してくださいというメッセージです。

消費者はある意味で強制的にマイバッグを家からもっていくことになります。つまりパタゴニアで買い物するだけで、その日の行動が実際に変わる。パタゴニアが掲げる「私たちは、故郷である地球を救うためにビジネスを営む」という企業理念に則った活動に自然と参加することになります。

これは素晴らしいミッションに共感し、さらに活動にまで参加したいという消費者の

コトラー・マーケティング理論の発展

	製品中心のマーケティング	顧客志向のマーケティング	価値主導のマーケティング	経験価値志向のマーケティング
	マーケティング 1.0	マーケティング 2.0	マーケティング 3.0	マーケティング 4.0
目的	商品の販売・普及	顧客満足	価値ある体験	顧客の自己実現
技術的背景	大量生産技術	情報通信技術	ソーシャル・メディア	ビッグデータ
顧客ニーズ	所有欲求	成長欲求	参加欲求	創造欲求
企業行動	製品開発 4Ps	消費者調査製品差別化 STP	ブランド・コミュニティ	カスタマー・ジャーニーAIDA
提供価値	機能的価値	差異的価値	参加価値	共創価値
顧客とのコミュニケーション	広告宣伝 販売促進	ホームページ 勧誘メール	参加型 SNS	共創型 SNS

参照：DIAMONDハーバード・ビジネス・レビュー／「近代マーケティングの父」として社会的な問題の解決に生涯を賭ける
(https://www.dhbr.net/articles/-/5381)

欲求を満たしてくれる仕組みになっています。

マーケティング４・０では消費者はただ消費するだけではなく、企業のミッションに共感し、さらに活動に参加する。つまり実際にプロセスを歩むことに価値を感じ始めていることを指摘しているのです。

６Ｄですべてのアウトプットが無料に近づく

なぜアウトプットよりもプロセスに価値が生まれるのか。

ここまで、若い世代の価値観が変化し、アウトプットの微妙な差異よりも、その企業のメッセージに共感できるか、所属欲求まで満たしてくれるブランドになっているか、その活動に参加できるかが問われていると指摘しました。

ここではテクノロジーの観点から、プロセスに価値が生まれるもう１つの大きな理由を説明します。

それはテクノロジーの進化発展によってアウトプットが限りなく無料に近づき、ユーザーはアウトプットでなくプロセス自体にオカネを投じるようになるというものです。

その方向を示唆するキーワードは「6D」です。

2020年12月に発売された『2030年：すべてが「加速」する世界に備えよ』（ピーター・ディアマンディス、スティーブン・コトラー著、NewsPicksパブリッシング）が参考になります。

著者のピーター・ディアマンディスは、アメリカ西海岸のシリコンバレーに「シンギュラリティ大学」を作りました。

AI（人工知能）の進化によって、AIが人間の知能を凌駕するシンギュラリティ（技術的特異点）が到来する。その激動の時代を見極める「イノベーターの虎の穴」で、「あらゆるものは6Dになる」と語られているのです。

6つのDを1つずつ見ていきましょう。

①Digitized（デジタル化）
②Deceptive（潜在的）
③Disruptive（破壊的）
④Demonetized（非収益化）
⑤Dematerialized（非物質化）
⑥Democratized（民主化）

まず①Digitizedです。出版や映画などのコンテンツ産業は、いち早くデジタル化が進んできました。昔は紙の本しかありませんでしたが、今ではiPad、iPhoneなどのデジタルデバイスで電子書籍を読むことができます。

映画を観るためにわざわざ映画館に出かけたり、TSUTAYAへDVDやVHSを借りに行ったりしていた時代もありました。今ではNetflixやAmazonプライム・ビデオにアクセスすれば、いつでもどこでも作品を鑑賞できます。

また人間のDNAに書きこまれている全情報は、すでにコンピュータによってデジタル情報化が完了しました。DNAの情報は、実はアデニン（A）、グアニン（G）、シトシン（C）、チミン（T）というたった4種類の塩基の組み合わせでしかありません。DNAの読み解きが完了した結果、新薬やワクチンの開発は爆発的にスピードが速くなりました。

ただしDigitizedは一気に進むわけではありません。

キャッシュレスが普及したときのことを思い出してみてください。「キャッシュレス経済の時代が来る」と話題になった頃、おそらく多くの人は実感をもてなかったと思います。むしろ、「どうせ広まらない」と懐疑的でさえありました。

しかし、気がつくとPayPayなどが色んなお店で使えるようになり、一気に浸透しま

6Dの指数関数的成長

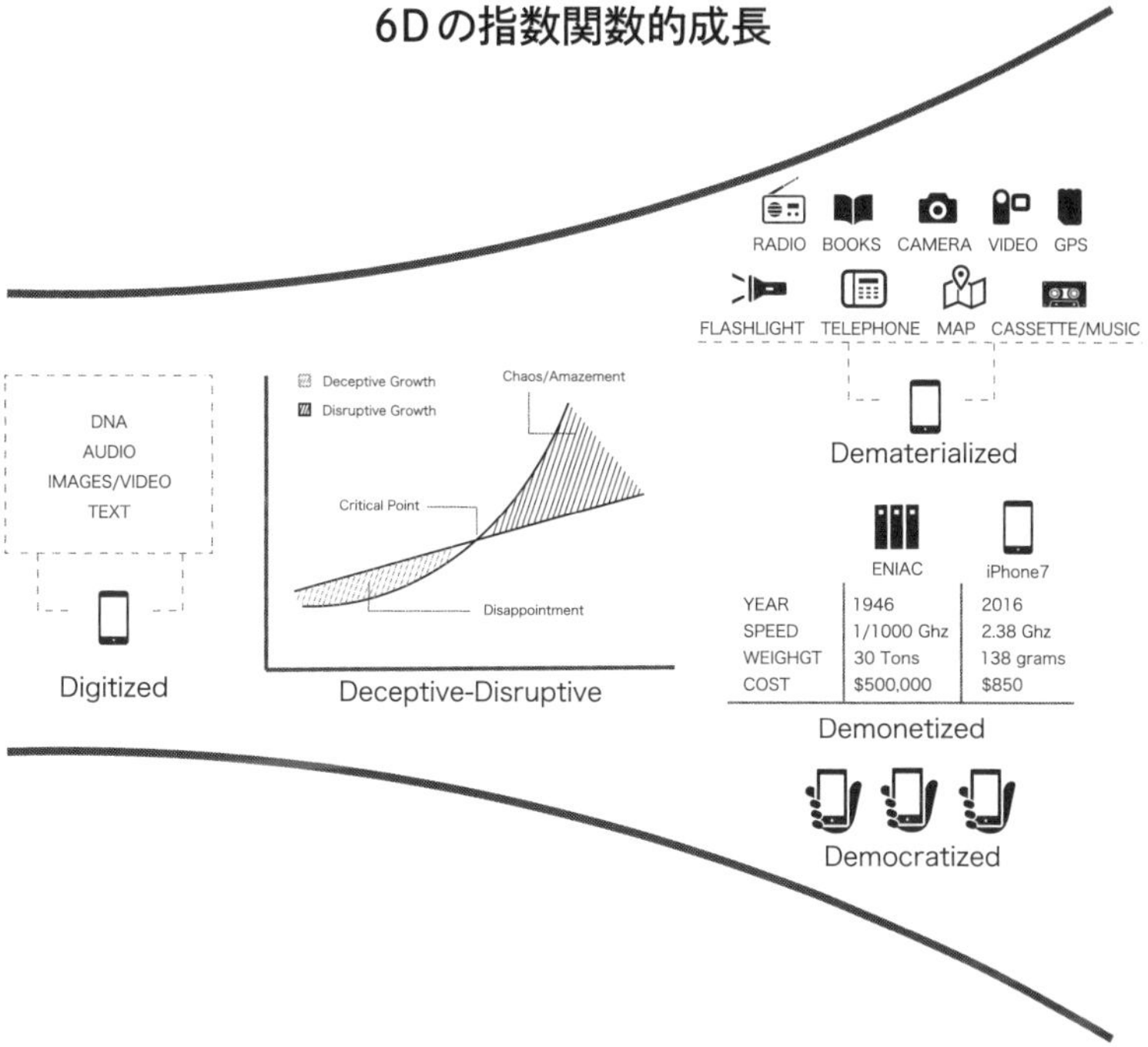

参照：Singularity Hub /The 6 Ds of Tech Disruption: A Guide to the Digital Economy (https://singularityhub.com/2016/11/22/ the-6-ds-of-tech-disruption-a-guide-to-the-digital-economy/)

した。このように、新しい技術は世間に認知された反動で批判を受けているときでも、水面下でジワジワと進化し（②Deceptive）、やがて既得権益者にとって取り返しがつかないほどの大変化をもたらすのです（③Disruptive）。

①②③が進んだ結果、最終的に④Demonetized、⑤Dematerialized、⑥Democratized の3つが起きます。

2050年に電気代はタダになる？

野菜や果物は、屋外でなくても生産可能です。植物工場では、LED電球が太陽の代わりに照らしてくれて植物が育ちます。

つまりLED電球を光らせるために使う電力が、野菜の価格をほぼ決定します。これまでは電気代のコストが高くつきすぎるため、植物工場での作物の生産はなかなか普及しませんでした。

しかし今では太陽光発電のコストがとても安くなってきています。2050年には、太陽光発電の電気代が今の10分の1になる可能性が十分にあります。1kWh（キロワットアワー＝1時間あたりの電気量）が2円、つまり1時間あたり2円の電気で野菜を作れるようになれば、野菜の価格は信じられないほど安くなります。

食べ物に限らず衣食住はタダ同然になり、生きていくために働かなくてはいけないという時代は終わりを迎えます。老化遺伝子の存在も特定されつつありますから、人間はますます長生きできるようになります（すると「死ぬ権利」について議論しなければならないのは皮肉ですが）。

もはやオカネを取る必要がなくなるくらい、モノやサービスの価格がことごとく安くなる。生活必需品はタダで配れる時代がやってくるのです。

服もご飯も家も無料で提供できる時代がやってきたとき、人は何に価値を感じ、オカネを払うのでしょうか。

成果物としてのモノにオカネを払うのではなく、モノを作っている過程を一緒に見て楽しんだり、モノ作りに一緒に参加したりしてしまう。プロセスとストーリーを共有する見返りに、オカネを支払うようになるはずです。

この構造転換が④Demonetized（非収益化）です。

物体そのものがなくなる未来

成果物（物体）によってオカネを稼げなくなることをDemonetized（非収益化）と言いますが、それに対して成果物（物体）そのものがなくなってしまうことを⑤Dematerialized（非物質化）と言います。

たとえば皆さんが食べている肉は、20種類のアミノ酸の組み合わせでできているアミノ酸の集合体に過ぎません。ということは、家にある3Dプリンターで肉を印刷することだって物理的には可能です。

イスラエルではすでに、甘いタンパク質が人工的に開発されました。シンガポールでは、鶏の細胞を培養機で育てて作った肉を食べられるレストランが出始めています。

もう少し身近な例で言うと、スマートフォンの登場が挙げられます。

かつては旅行に出かけるとき、記念写真を撮るために「写ルンです」や一眼レフ、デジカメをもっていかなければなりませんでした。しかしiPhoneがカメラの基礎的な機能を提供してくれるようになった結果、誰もがアプリを使って写真を撮るようになり、わざわざカメラやフィルムをもち歩く必要はなくなったわけです。

ラジオにしても、かつてはハード（物体としての機械）をもっていなければ番組は聴けませんでした。今ではstand.fm（スタンドエフエム）やVoicy（ボイシー）、radiko（ラジコ）などのソフトウェアによって、「ハードウェアがなければラジオは聴けない」という課題は解決できています。このように非物質化は身近なところで進行しているのです。

シンギュラリティ大学の「エクスポネンシャル思考」

プロセスエコノミーにとって、「6つのD」の6番目（Democratized＝民主化）がとりわけ重要です。

ソフトウェア化によって、ミーティングは当然として、実際のモノ作りにも誰でも簡単に参加できるようになりました。この本を編集してくれている編集者・箕輪厚介さんが主宰するオンラインサロン「箕輪編集室」もそうです。

かつてであれば、ウェブサイトのバナーを作るにしても動画を編集するにしても、いちいち業者に作業を発注してコストがたくさんかかりました。箕輪編集室では、メンバーみんなが楽しみながら自発的に作業をやってくれます。

箕輪さんがメンバーにオカネを払わなくても、「私がやりたい！」と自主的に手を挙げて作業に参加してくれるのです。

その人たちが、まるで蟹工船のように強制労働をさせられているわけではありません。スマートフォンやパソコンのアプリ、動画編集ソフトは充実していて、仕事としてではなく本業の空き時間に趣味や遊びのように参加することができます。

前述したように、「乾けない世代」が仕事とその報酬に求めるものは「達成」や「快楽」よりも「良好な人間関係」「意味合い」「没頭」です。つまり、やる意味を感じる仕事は、好きな人たちと没頭してできるのであれば、それ自体が「遊び」であり幸福なのです。

このように多くの人たちが金銭的な報酬を求めず気軽に参加することによって、人材コストも下がります。

6Dの進展によって、あらゆる生産コストは一気に下がり、2035〜2040年にはアウトプット（成果物）の売買だけの経済は終わりを迎えるでしょう。その近未来から逆算して、今何をやるべきか考えるべきなのです。

シンギュラリティ大学では「エクスポネンシャル思考」（Exponential Thinking）を

教えています。

テクノロジーとイノベーションによって、時代はエクスポネンシャル（指数関数的）に、つまりグイグイ加速するように劇変していきます。その劇変を指をくわえて傍観するのではなく、時代の変化を見越して行動を先取りしていく。「エクスポネンシャル思考」のフレームワークとなるのが「６Ｄ」です。

太陽光発電による電気代が今の半額を切るまで技術が進むと、世の中は急激に変革し始めます。ブワーッと無料革命が起き、世の中はガラガラポンされるはずです。

そういう時代には、プロセスによってオカネを稼ぐ発想をもっているかどうかが重要になります。

次章ではプロセスエコノミーが人間の本能的欲求と、いかに本質的に相性が良いかということについて考えていきます。

第2章

人がプロセスに共感するメカニズム

オバマ大統領を誕生させた「Self Us Now」理論

第1章ではなぜプロセスに価値が出るのか、価値観やテクノロジーの変化を見ながら考えてきました。

第2章ではプロセスに人が共感するメカニズムについて考察していきます。人はなぜプロセスに共感し、熱狂していくのか。

2008年のアメリカ大統領選挙で、オバマフィーバーが吹き荒れます。「Yes, we can」（私たちはできる）、「Change」（変革）というキャッチフレーズは、9・11テロ後のアフガニスタン紛争とイラク戦争に疲れ切っていたアメリカ人の心に突き刺さりました。こうして2009年1月、有色人種初のアメリカ大統領が誕生したのです。

オバマを当選に導いたのは、選挙戦の参謀を務めたマーシャル・ガンツ（ハーバード・ケネディスクール講師）でした。彼は「パブリック・ナラティブ」「コミュニティ・オーガナイジング」という手法を選挙戦と演説に取り入れます。これが「Self Us

Now」理論です。

オバマはいきなり「大きな物語」を聴衆にぶつけるのではなく、「私はこういう人生を歩んできた」と「小さな物語」を訴えるところから語り始めました。

「私は黒人としてマイノリティの苦しみをずっと味わってきた。でもアメリカという国が自由を与えてくれたから、私はここまでのぼってこられた。マイノリティの苦しみを味わった人間が、変革を起こしていく。これってみんなもできることだよね」

そんなふうに「story of self」（自分がここにいる理由）を語り、「story of us」（私たちがここにいる理由）を聴衆に投げかけ、「story of now」（今行動を起こすべき理由）を訴える。大統領候補の生い立ちという「他人の物語」から「自分の物語」へと変換させることによって人々を巻き込んでいったのです。

この話がプロセスエコノミーとどのように関連するのでしょうか。

「Self Us Now」理論で人生のプロセスを共有するうちに、自分の中にあるストーリーが、異なる他者のストーリーとどんどん重なっていきます。

「私はこういうふうに生きてきた」「君は今こういう道を歩んでいるんだね」「私と君には共通点がある。その共通点をきっかけに連帯しながらみんなで何かを起こそうよ」

自分のプロセス（生き様）を開示し共有することで、個の熱狂が集団の熱狂へと広がるのです。

一人のリーダーのアウトプットによって大きな社会変革がいきなり起きるわけではありません。

一人が100歩前進するのではなく、プロセスを共有した仲間100人が一歩ずつ前進する。一緒に動いていく。閉塞感漂うアメリカをチェンジするために取ったオバマ大統領の手法は、まさに人がプロセスに共感するメカニズムを捉えていました。

堀江貴文さんは『ゼロ　なにもない自分に小さなイチを足していく』（ダイヤモンド社）を執筆した際、このオバマの演説を参考にしたそうです。

「Me と We と Now」、つまり「私、私たち、そして今」という構成で語りかけていることから、堀江さんは「Me We Now」理論と名付けました。

「自分の話をして距離を縮める（Me）」「共通点を見いだして連帯感を作る（We）」「自分のやりたいことを説明する（Now）」。まずこの「Me We Now」の骨格を考えて、エピソードを書き足していったと言います。

たとえば「Me」として堀江貴文という人間を知ってもらうために幼少期から学生時代まで九州の田舎で過ごした親近感が湧くエピソードを入れています。

また、「We」として「引きこもり同然の状態から抜け出せたきっかけはアルバイトだった」と、読者との共通点にもなる仕事のエピソードを入れています。

それまでの堀江さんの本は「言ってることは正しいけど共感できない」「あの人は特

別だからできるんだ」とどっつきにくい印象がありました。それゆえ一部のビジネスマンにだけ支持されていました。しかし「Me We Now」理論でプロセスを共有した『ゼロ』は、若い女性や主婦など、堀江さんの本来のファン層とは違う多くの人の共感を呼び、40万部を超えるベストセラーとなりました。

ノーベル経済学賞学者の「システム1」「システム2」理論

本来隠されていたプロセスを開示し、私的なストーリーを他者と共有する。そのことによって多くの人を巻き込み熱狂を生み出していく。

このプロセスエコノミーの手法において「システム1」「システム2」という理論が参考になります。

この理論は、2002年にノーベル経済学賞を受賞したダニエル・カーネマンが提唱しました（『ファスト&スロー　あなたの意思はどのように決まるか？』ハヤカワ文庫、上下巻を参照）。

人間の行動様式は、感情脳（narrative heart）と論理脳（strategy head）の2種類が司っています。ダニエル・カーネマンは感情脳を「システム1」（直感的プロセス）、論理脳を「システム2」（論理的プロセス）と呼びました。

いくら理知的な教養人でも、四六時中ロジカルに思考し、行動しているわけではありません。人間が行動を起こすときには、実は論理的な「システム2」ではなく、直感的な「システム1」に従っているとのことです。

人間が新しい変化を起こすときには、理屈や正論を並べていくら論理脳にアプローチしても簡単にはいきません。ワクワクを共有し、キュンと動く感情脳にアプローチしたほうが効果的なのです。そして感情脳にビビッと訴えるのは、ロジックではありません。ストーリーでありナラティブ（narrative＝話術、語り口）です。

オバマ大統領は「私と一緒に行動しよう」と、ナラティブによって人々の感情脳にグイッとアプローチし、バラバラに分散した個人を1つのビジョンのもと集結させたのです。

デービッド・アーカーの「シグネチャーストーリー」

皆が一緒に冒険したくなるストーリーやナラティブはオバマ元大統領のような強力なリーダーからしか生まれないのでしょうか?

ブランド経営論の大家であるデービッド・アーカーは『ストーリーで伝えるブランドシグネチャーストーリーが人々を惹きつける』(翻訳=阿久津聡、ダイヤモンド社)という本の中で、ブランドにとってシグネチャーストーリー(Signature Story)が大事と語っています。

その企業・サービスを象徴するような際立ったストーリーを徹底的に打ち出せば、ブランドは顧客の心の底まで深く突き刺さるというわけです。

そしてストーリーをもっているのは、創業者だけとは限りません。むしろ従業員の場合もあれば、取引先やお客さんのほうがリアリティがあることも多いです。大切なのは、そのブランドの「こだわりや哲学」に一致するストーリーであるかどうかなのです。あふれる情報の中で人の心が動くのは「本物」だけです。だから、ブランドを語るときに加工されたクリエイティブではなく、サービスとの関わりの中から立ち上がったリアルなストーリーを見つけ出し、磨くのです。

「伝える」ではなく「伝わる」。話を聴いている人が、進んで一緒に歩きたくなるようなストーリー、ナラティブを言語化する。

そこに共感が生まれ、お客さんを一緒に冒険してくれる仲間にしていく。その仲間がまわりの人に声をかけて、さらに多くの仲間が寄ってくる。そして共にモノやサービスを作り上げていく。

このループを回していけば「コミュニティこそが経営戦略の根幹である」という方向性に至ります。そのコミュニティをベースのところで下支えするのが、ストーリーでありナラティブな語り口、語り方なのです。

さらにクリエイティブディレクターの佐藤尚之さんは著書『ファンベース　支持され、愛され、長く売れ続けるために』（筑摩書房）の中で、ファンの支持を強くするためには3つのアップグレードがあると述べています。

①共感→熱狂
②愛着→無二
③信頼→応援

プロセスを共有することによって、最初に抱いていた「共感」はやがて強い「熱狂」にまで高まっていく。ブランドへの「愛着」は、このブランドではなくてはダメだという「無二」の感情へと変わっていく。そして受動的な「信頼」から能動的な「応援」へと高まっていくのです。

こういった蓄積が「Community Takes All」（コミュニティを制するものがすべてを制す）につながってくるのです。

「人のために」という欲望

プロセスエコノミーを回すエンジンとなるものは「利他の心」です。自分の私利私欲のためでは共感は生まれません。誰かを喜ばせるビジョンのもとにみんなで助け合い、協力し合って進んでいくのです。

人間の脳みそには、あらかじめ「誰かのために行動したい」という利他の精神と行動様式が埋めこまれています。

「自分さえ良ければいい」という利己主義ではなく、「自分のことは後回しにしてでも人を幸せにしたい」と行動する。その瞬間、オキシトシンというホルモンが脳内で分泌されるのです。

オキシトシンは「子宮収縮ホルモン」とも呼ばれます。

人間は生まれた直後、自分だけの力では生きられません。お母さんのおっぱいを吸わないと、赤ちゃんはたちまち死んでしまいます。「なんてかわいい子なのだ」「この子を元気に育てたい」とお母さんが思った瞬間、オキシトシンが脳内で分泌されて母乳がどんどん出るよう脳みそが促します。

さらに興味深いことに、誰かが利他の行動をしている様子を眺めているときにも、その人の脳みその中でオキシトシンが分泌されるのです。つまり利他の行動は、人々の間にさらなる利他の連鎖を生んでいきます。

マーク・ザッカーバーグ（Facebook創業者）が運転手つきの社長車を使わず、自転車に乗って会社に通勤しているのは有名な話です。彼は自身がもつ何兆円もの貯金を、将来的にすべて放棄することを宣言しました。事実、彼は100億円規模の巨額の寄付を何度も繰り返しています。巨万の富を得たザッカーバーグは、利他の人生を生きることに決めたのです。

「鉄鋼王」と呼ばれるアンドリュー・カーネギーは、ニューヨークにカーネギー・ホールを建設するなど文化・芸術を応援し続けました。なんと彼は、アメリカをはじめ世界各地に2500もの図書館を建設しています。

「虎は死して皮を残し、人は死して名を残す」ということわざがあるとおり、1919年に亡くなってから100年が経つ今も、カーネギーの名前は世界中の人が知っています。

物欲や権力欲が満たされ、所属欲求や承認欲求が満たされたとしても、人は実は満足できません。最終的には「人のために何かをしたい」という〝究極の欲望〟にたどり着きます。

人々の「利他の心」をエンジンにするプロセスエコノミーは人間の本質的な欲求とも合致している仕組みなのです。

脳科学者・医学博士の岩崎一郎さんは『科学的に幸せになれる脳磨き　人生の豊かさを決める島皮質の鍛え方』（サンマーク出版）で、最新の研究によると脳の「島皮質」という部位を鍛え、脳全体をバランスよく協調的に働かせることが、その人の人生を豊かに幸せにするとわかってきたと述べています。

その「島皮質」を鍛えるための具体的な方法の1つは利他の心をもつことなのです。

また、アメリカ・カリフォルニア大学リバーサイド校、アルメンタ博士らは、感謝には2種類あるとしています。

恩恵的感謝（Doingの感謝）：誰かに何かをしてもらったり、何かをもらったりするなど所為（Doing）によってする感謝。

普遍的感謝（Beingの感謝）：感謝の気持ちをいつも感じている心のあり方（Being）。あらゆるものに感謝の気持ちを感じている状態。

前者は自分本位で物事を捉えるので、視野が狭くなり、協力者も増えにくい傾向にあります。後者は周囲とのつながりを常に意識し、広い視野で物事を捉えているので、結果的に多くの人の共感を呼び、協力者を得やすい。

つまり「利他の心」に基づくプロセスエコノミーは脳科学的な観点から見ても、人が人を呼び込む仕組みになっているのです。

ハイネケンの最高すぎるCM

またプロセスを共有すると、人間はまったく違うポリシーや思想をもつ他者にも親しみを覚えて「この人は自分の仲間だ」と感じるものです。ハイネケンの素晴らしいコマーシャルを素材に使いながら、この点について考えてみましょう。

右翼と左翼、フェミニストとアンチ・フェミニスト、トランスジェンダーの当事者とアンチ・トランスジェンダー、「気候変動は人類のせいで起きているわけではない」という論者と「地球温暖化対策をやらなければ人類は滅亡する」という論者が、倉庫の中で初めて出会います。

フェミニズムやLGBT、地球環境問題といった複雑な議論をいきなり始めるわけではありません。そういう話は脇に置いて、主義主張がまったく異なる2人が一緒に椅子を組み立て始めるのです。

組み立て作業を一人でやるのは大変なので、助け合ったり指示を出し合ったりしながら椅子が完成します。2人はさらに協力を重ね、立派なバーカウンターができあがります。

そのあと、2人が出会う前に収録したそれぞれのインタビュー映像が流されます。このとき初めて、お互いの主義主張や考え方がまったく異なることが判明するのです。動画を見たあと「部屋から出ていくか。それともビールを飲みながら話を続けるか」と問われ、2人はどちらを選ぶのか。「そりゃビールだよな」と乾杯し、ハイネケンの小瓶を片手に和やかに議論を始めるのです。

「今日は一緒に働いて楽しかったよ」「オレたち意見は違うけど、とりあえずこうやってビール飲むのはいいよな」「人生に白黒なんてはっきりつかないよな」。そんなふうに語り合いながらビールを飲むコマーシャルは、実に感動的です。

ペアワークで一緒に汗を流し、運命共同体として1つのプロジェクトに取り組む。考え方がまったく違っていても、1つの仕事を成し遂げることはできる。「なんだ、オレたちはケンカしたりぶつかったりする必要なんてなかったのか」と、みんなが気づくのです。

ＳＮＳ社会では、至るところで相手を論破しなければ気が済まないとばかりに、ロジックとロジックをぶつけ合っています。でも相手の主義主張なんて簡単に変わりはしません。

世界は複雑で、どちらにも正義があるというのがほとんどです。それでもなお相手を強引に屈服させようとしたら、最終的にはケンカ、戦争になってしまいます。

ハイネケンのコマーシャルは、プロセスでつながる大切さを伝えるためのとても良い教材です。

YouTubeで「価値観の違う他人と仲良くなれるか?」と検索すると、日本語字幕つきの４分半の映像を視聴できます。皆さんもアクセスしてみてください。

このように人間というのは本能的に、他人とプロセスを共有することに幸福を感じ、主義主張を超え、つながることができる生き物なので、プロセスエコノミーは人間本来のメカニズムと非常に相性が良い仕組みなのです。

第3章

プロセスエコノミーをいかに実装するか

「正解主義」から「修正主義」へ

ここで一度肩の力を抜いて、本書を読み進めてください。

プロセスエコノミーの価値が頭でわかったとしても、根本的な意識を変えないと実装にまでもっていくことはできません。

理屈を理解するのではなく、感覚としてプロセスエコノミーを捉えていきましょう。

誰だって長年かけて染み付いた価値観はなかなか拭えません。「プロセスで稼ぐなんて邪道」「プロセスを他人に見せるなんておかしい」「発売前の情報や企業秘密を外に出すのはＮＧ」という反発にあうこともあります。

やはり多くの人はアウトプットエコノミー、つまり人知れず努力をして納得いくものを人様に出す、という価値観で生きています。

これには学校教育が深く関わっています。

元リクルートの藤原和博さんは、２００３年に東京都初の公立中学校（杉並区立和田中学校）の民間人校長に採用されました。

藤原さんは「よのなか科」という独自のアクティブ・ラーニングを開始し、教育界に一大センセーションを巻き起こします。

その藤原さんとお話しした際、「正解主義から修正主義へ」とおっしゃっていたのが目からウロコでした。

日本の学校教育は、たった1つの正解へ向かって突き進む正解主義にとらわれています。先生も生徒も「正解をいかに導き出すか」という常識にがんじがらめになっているのです。

しかしながら「△△が正解だ」と定義したところで、変化が激しい時代には、その定義自体が変わることが多々あります。

ならば、修正することを前提にしたほうがいい。正解を出すことにこだわりすぎず、β版（試作品）でもいいからとりあえず表に出して、多様な人からフィードバックを受けながら柔軟に修正していけばいい。正解主義という固定観念から離れて、修正主義へ移行していくことが大事だと藤原さんは言うのです。

プロセスをブラックボックスにして、完璧な状態のアウトプットを世に出すのが従来の常識だったので、学校教育的な正解主義にとらわれている人の目には、きっと「プロセスエコノミーなんて邪道だ」と映るのでしょう。

しかしプロセスを公開し、反応を見ながら変えていくことは激動の時代には邪道でも何でもありません。途中で方針を変更することを前提とした修正主義こそ、決められた正解のない時代の歩き方なのです。

「幸せの青い鳥」はどこにいる？

マーケティングの世界で「effectuation」という経営理論が語られます。「effectuate」（何かを引き起こす、目的や希望を達成する）という英語の名詞形です。

「effectuation」はプロセスエコノミーを通じて、何かを達成する際にも知っておくべき心構えです。

左記の①〜⑤のキーワードがあります。

①Bird-in-Hand（自分の手の中にいる鳥）
②Affordable Loss（許容範囲内の失敗）
③Patchwork Quilt（パッチワーク・キルト）
④Lemonade（レモネード）

⑤Pilot-in-the-plane（飛行機のパイロット）

「やりたいこと」の大枠さえ一貫していれば、アウトプットはどんどん変わっていい。プロセスを楽しめていれば、「ゴールのために自分がやるべきことは何か」という形式にがんじがらめになる必要なんてありません。

「幸せの青い鳥」はなかなか見つかりません。崇高なゴールは外にあると思って家の外ばかり探していたら、実は「幸せの青い鳥」はすでに家の中にいた。これがベルギーの作家メーテルリンクが書いた、チルチルとミチルの童話です。

自分の内側で感じているmeans（意味合い）をまずは大切にして、そこから何かを始めてみる。

変化が激しい時代では、最初からゴールを決めると選択肢を狭めてしまい、大きな成功から遠ざかってしまいます。だから自分の手の内にある、楽しいこと、幸せだと思うことから始めよう、というのが「effectuation」の第1のポイント①Bird-in-Hand（自分の手の中にいる鳥）です。

しかし、そうやって始めても失敗してしまうのは当たり前です。だから最初から許容範囲の中で失敗を設計しよう、というのが「effectuation」の第2のポイント②Affordable Loss（許容範囲内の失敗）です。

たとえば、あなたが「幸せを全力で感じる瞬間を作りたい」とイベントや祭りを企画したあと、すべてが順風満帆にいくわけではありません。予期せぬハプニングやトラブルなんていくらでも起きます。

トークイベントやライブを楽しむ。バーベキューやビアガーデンで飲み食いもできる。そんな企画を成立させようと思ったら、イベント用のお立ち台を準備しなければいけませんし、音響や照明の機材だって必要です。

あれこれ企画が膨らんでいくうちに、ふとソロバンを弾いてみたらとても入場料＋飲食代ではペイしないことがわかった。愕然としたところから、スポンサー企業を見つけて協賛金を集めたり、クラウドファンディングや物販の強化でなんとか黒字にもっていく。

小さな失敗をしながら、ゲームオーバーにならない範囲でトライし続ける。その都度、知らないことを勉強したり、新しい人に出会ったりする。こうすることで、むしろ次のトライにつながる未知なる発見があったりするのです。

「effectuation」の第3のポイント③Patchwork Quilt（パッチワーク・キルト）も大切です。

単体では使い物にならない布の端切れを縫い合わせ、重ねに重ねて、1枚の大きな作品が生まれます。その瞬間、瞬間に柔軟に対応しながら普段であれば握手しないような

effectuationの5つのポイント

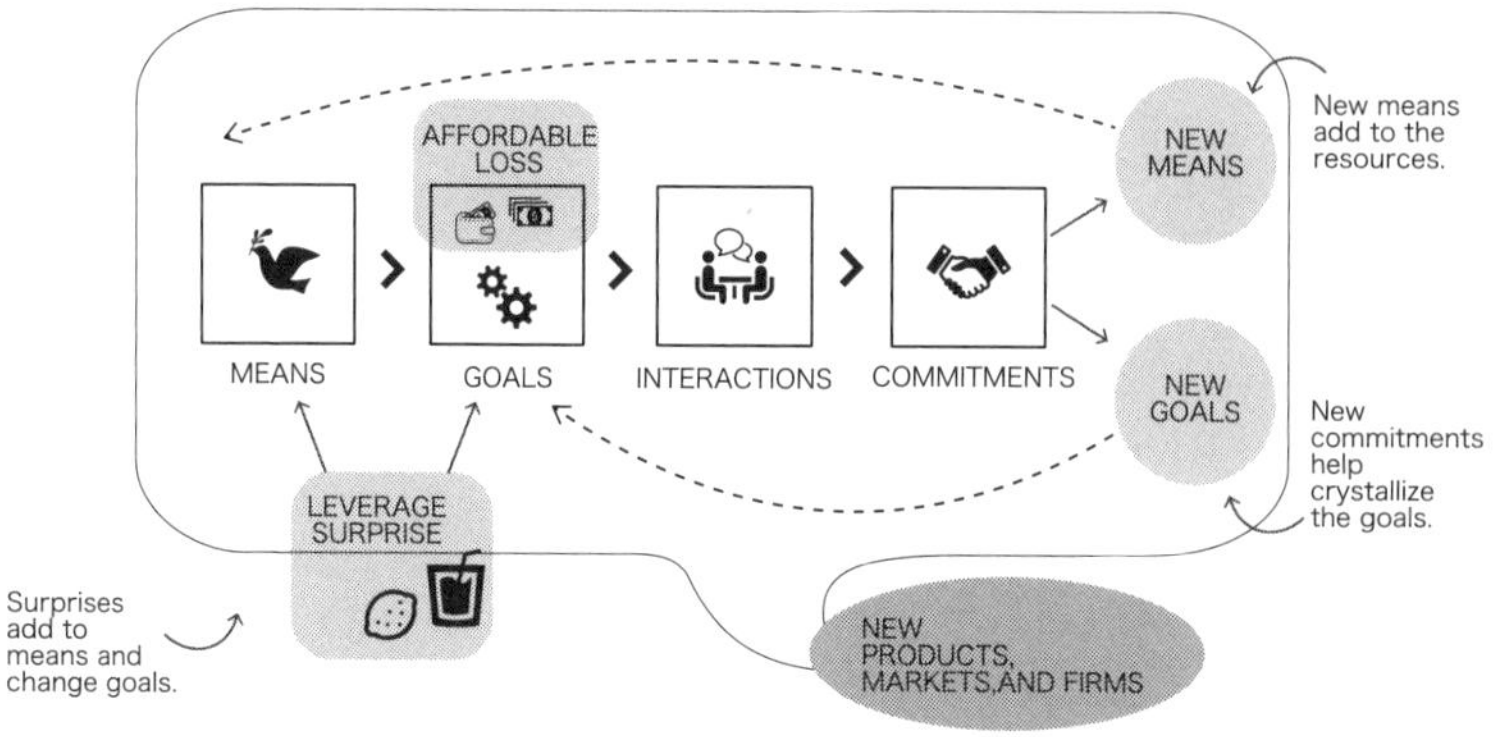

参照：The Society for Effectual Action/The Effectual Cycle
(https://www.effectuation.org/sites/default/files/documents/effectuation-3-pager.pdf)

人と握手し、コラボレーションする。パッチワークのように新しいムーブメントが広がっていく。これも修正主義の醍醐味です。

失敗の中に実は成功がある、というのが「effectuation」の第4のポイント④Lemonade（レモネード）です。

レモンは苦くて酸っぱいので、レモン単体ではあまり使い道がありません。そのレモンを搾ってハチミツや氷水と混ぜてみたら、なんともおいしいレモネードができあがる。初めてレモネードを試作した人は「こんな飲み方があったのか！」と大興奮したに違いありません。このように、偶然が味方し予期せぬ成功にたどり着くことがあります。

「effectuation」の第5のポイントは⑤Pilot-in-the-planeです。プロジェクトや

祭りの中心人物が、パイロットとして操縦桿を握り続けている。その人は祭りの中心で歌い踊り、見るからに楽しそうでたまらない。祭りの中心で操縦桿を握るお調子者がいるおかげで、まわりの仲間は「踊らにゃ損損」と思いきり楽しめるのです。

「Affordable Loss」を寛大に許容していっぱい失敗しているうちに、一見失敗に見えるものの中から新しい出合いがあり、予期せぬ成功が生まれる。

なにより大事なことは、このプロセスの中で、新しいゴールと新しい仲間、そこから新しい意味合いが立ち上がってくることです。

変化の時代では最初に決めた戦略は自分を狭めますが、手の中にいる小さな鳥から始めた冒険の末に見つかったゴールや仲間は自分らしさを広げてくれるのです。

「オーケストラ型」から「ジャズ型」へ

オーケストラのコンサートでは、譜面から逸脱したアドリブ演奏はありえません。ヴァイオリンやチェロ、金管楽器隊やパーカッションがいつどこで何を演奏するかは、きっちり決まっています。指揮者の指示を無視することもありえません。オーケストラの音楽は、決まったゴールに向かって走る正解主義の典型です。

それに対してジャズのライブは、作曲家が書いた譜面をなぞるのではなく、譜面を壊すことが仕事だとさえ言えます。

その夜ジャズクラブに集まった客層、バンドメンバーの組み合わせ次第で、どれだけインプロヴィゼーション（即興演奏）を暴走させたってかまいません。あまりにも激しくアレンジを加えすぎて、原曲が何なのかわからないことさえあります。

ジャズミュージシャンは、今日この日、この場所でしか生まれない音楽を探す旅に出かける。ジャズクラブに集まった客は、明日やあさってには二度と同じ音楽を聴けない。だから何度でもジャズクラブに通いたくなる。ジャズは正解主義ではなく修正主義の音楽であり、プロセスエコノミーそのものです。

世の中が激しく変化する激動の時代には、決まったゴールに向かって正確に歩き続ける「オーケストラ型」ではなく、どこに正解があるかわからない中で答えを探す「ジャズ型」の生き方、働き方が向いています。

変化が乏しい時代には、正解から逆算して練習メニューを考え、「Aパート とBパートを合わせましょう」という練習を重ねれば仕事は完成しました。今のような変化の時代には「AよりもBのほうこそやったほうがいいんじゃない？」「CやDという方法もあるよ」と多様なアイデアをみんなで出し合う。「オレにこういうアイデアがあるんだけど、一緒にやれるヤツいる?」と呼びかけ、「この指止まれ方式」で仕事を進めていったほうがいいのです。

ジャズのセッションは1秒以下の一瞬の間合い、それこそミュージシャン同士の阿吽《あうん》の呼吸でインプロヴィゼーションを決めなければなりません。ただの修正主義ではなく、高速修正主義でどんどん自己決定していきます。

ジャムセッションのような出たとこ勝負だと、結果がどうなるかなんて誰にも見えてはいません。

プレイヤーもリスナーも、みんながそのプロセスを楽しむ。この先どうなるかわからないワクワク感に包まれる。ジャムセッションをバーン!と決めたとき、ミュージシャンとお客さんは予定調和の中ではたどり着かない感動に達します。

情報をフルオープンにして旗を立てる

ここまで読んで、たとえ個人として意識改革ができたとしても、多くの業界や会社では従来のアウトプットエコノミーの呪縛からまだ抜け出せないかもしれません。

企業にとってプロセスの開示が必要不可欠なものであるとはいっても、たしかにデメリットもあります。アウトプットを発売前から開示するということは、新しい技術やアイデアなどを多かれ少なかれ表沙汰にすることですから、他社に模倣・追随される可能性も少なくありません。

それでも、情報をフルオープンにするメリットは何なのでしょうか?

それは旗を立てることでさらなる情報が集まってくることです。

私が外資系コンサルで働き始めた94年当時、まだインターネットは世の中にほとんど広まっておらず、携帯電話をもっている人すら希少種でした。

あの当時、マッキンゼーが手がけていたプロジェクトのうち、一番多かったのはどんな仕事でしょうか。

それは、アメリカをはじめ海外の先進国で最先端を走っているイノベーション、投資や商品開発、マーケティングに役立つベンチマーク(指標)をどんどん集めてきて「お客さんの会社はこういうことをやったほうがいいですよ」と提案する。たったそれだけの仕事をやるだけで、数千万円もらえる時代があったのです。

海外の情報を簡単に集められない90年代半ばは、海の向こうの情報を差し出すことに大きな価値がありました。

今は「2~3日前からClubhouseが世界ではやり始めたぞ」という情報は、移動中にスマートフォンをチラ見しているだけで即座に手に入ります。世界の片隅でザワザワし始めた噂はたちまちバズり、気のきいた学生はその日のうちにnoteにレポートをアップしてくれるでしょう。

もはや「新しい情報を自分だけが見つけた」と過信すること自体がアウトです。情報それ自体に価値はありません。

むしろ手持ちの情報をシェアして仲間を作り、プロセスを惜しみなく開示してしまったほうが、結果的にさらなる情報が集まってきて、自分にとって得なのです。

「はじめに」で述べたとおり、みんながなんとなくモヤモヤと「こういう現象があるよな」と思っていることに、けんすうさんが初めて「プロセスエコノミー」という言葉を当てはめました。

このキーワードがバズワードになり、みんながたちまち「プロセスエコノミー」という言葉を使い始めています。最初に旗を立てた人が誰なのか、ネットの世界では明確にわかり、「最初に旗を立てる人」になれます。

そして、最初に立てた旗に注目が集まり、そこに多くの情報と人間が集まってきます。「そうそう。あの人が最初にプロセスエコノミーについて言語化したんですよ。あの人に連絡を取って話をするとおもしろいですよ」と情報の掛け算が起きる。最初に旗を立てた人が、一番の情報リッチになれるのです。

クリエイターを応援してくれるセカンドクリエイター

たとえば日本では1年に7万冊以上もの新刊が出版されます。私が新しい本を書いてがんばってプロモーションしたところで、書店にもSNSにも新刊の情報は山のようにあふれているわけです。

本に限らず、モノは作ることそのものよりも、存在を伝えることのほうが大変だったりします。「はい新刊ができたよ。みんな読んでね！」と宣伝しても、情報の海に埋もれて読者はこちらを向いてくれません。

本ができあがる前の段階でSNSで制作過程を開示し、情報やアイデアをみんなで集め、「この本を売りたい」と思ってくれる仲間を作る。そうすることで、発売前から小さな注目が集まる。中には「新刊の出版に合わせて、私がYouTube動画を作って流しますよ」と応援してくれる仲間もいるでしょう。

キングコングの西野亮廣さんはそういう仲間のことを「セカンドクリエイター」と呼んでいます。

本や作品を作るプロセスを開示し、そのプロセスを応援してくれるセカンドクリエイターを増やしていく。すると本や作品ができあがった瞬間から、放っておいても応援団がみんなで宣伝し、拡散してくれるのです。

次から次に仲間ができ、熱が伝播していく、その集合体がコミュニティとなり、さらに大きな熱を帯びていくのです。

そして、「この波に乗っておきたい」と思われるようなバズや流行の根っこが生まれます。

近年、タピオカがものすごい大ブームになりました。最初は都会の一部で売れ始めたものが、口コミによってよりいっそう売れるようになる。テレビや雑誌、ＳＮＳなどあらゆるメディアでタピオカの話題が取り上げられ、ものすごい数の店が増殖していきました。

本の売れ方も同様です。「やたらと目に入る。今読んでおかないと」という想いが購買行動に直結し、増刷を重ね、ベストセラーへと化けていきます。

この口コミの連鎖はＳＮＳ時代にはさらに顕著になり、売れるものがより売れるという現象を引き起こしています。

ある出版取次の「２０２０年のビジネス書ランキングトップ10」では、新刊は２冊だけで、それ以外は２０１８年か２０１９年に出たものでした。

新刊よりも既刊がロングセラーになっているのです。前田裕二さんの『メモの魔力』（幻冬舎）も発売から2年以上経っていますが、70万部を突破するなど売れ続けています。

その理由は、ベストセラーになっている本の多くはセカンドクリエイターの存在がSNS上にあるからです。

発売前後からプロセスを共有したセカンドクリエイターがいると、発売から時間が経っても話題になり続けます。あまり売れていない新刊よりも売れ続けているロングセラー本のほうが、むしろSNS上では情報が更新され続け、コミュニティが広がり続け、「新しい体験」に触れられるのです。

『メモの魔力』は装幀や帯を何回か変更しているのですが、毎回SNSで話題になっています。全種類を購入して、SNSにアップしているファンもいるほどです。ヒットを生み出すためには、企画段階から情報を公開しセカンドクリエイターを作り、本を購入したあとまで話題にされるような設計が必要なのです。

企画の立ち上がりからプロセスに参加しているセカンドクリエイターは、ゼロイチを10、20へと膨らませてくれます。情報が爆発し、ネットの海の中で発見されることも難しい中で、自発的に情報を拡散してくれる存在は非常に重要なのです。

アウトサイド・インか　インサイド・アウトか

さらに、プロセスエコノミー的な発想はモノ作りの方法自体もアップデートしてくれます。

マーケティングの世界で、よく「アウトサイド・イン」と「インサイド・アウト」というキーワードが語られます。

アウトサイド・インとは、売上や利益、目標といった結果から「勝利への逆算」を考える思考様式です。インサイド・アウトはそれとは逆に、自分の内面から湧き起こる衝動を起点とする考え方です。

ここのところモノ作りもサービスも、「アウトサイド・イン型」から「インサイド・アウト型」に変わってきています。

高度経済成長期を通じて、メーカーはユーザーの生活ぶりを観察しながら「主婦の家事は負担があまりに重すぎる。洗濯機を家庭のマストアイテムにするべきだ」などと考え、ユーザーのpain（痛み、課題）を軽減して満足度を高めてきたわけです。

手で衣類を洗っていたときは、冬には手がかじかんで大変な苦労をしていました。そこで洗濯機が登場し、このpainを解決します。洗濯機を使うのが当たり前になると、洗濯ものが梅雨どきになかなか乾かないという課題が出ます。そこで「乾燥機があると、いちいちコインランドリーに行く必要がなくなって便利ですよ」と解消する。「皿洗いを人間の手でやっているのは、先進国では日本くらいですよ」と教えてあげて、食洗機の導入を促す。

「あなたが困っていることを解決する新しい商品を作りました」と売り出し、足りないものを埋める作業を進めてきた結果、物質的にユーザーが抱く要求はたいてい満たされるようになりました。すると新しいpainを探して解決するアウトサイド・イン型の商品が、ユーザーの心に刺さりにくくなってきたのです。

物質的に満たされた成熟社会では、アウトサイド・イン型の商品よりもインサイド・アウト型の商品のほうが売りやすくなってきました。「私の『好き』をあなたも味わったら、きっと世界に彩りが生まれるよ」というメッセージをユーザーに訴えるのです。生きていくうえで必須ではないけれど、より人生を豊かにしてくれるものに人は魅力を感じるようになっています。

「意味のイノベーション」を提唱したイタリア・ミラノ工科大学のロベルト・ベルガンティ教授は「インサイド・アウト型の商品を作るときには、スパーリング方式でやったほうがいい」と指摘します。自分が見つけた「好き」の完成型をいきなりアウトプットしたところで、「理解できない」「そんな話は聞いたことないよ」と拒絶されてしまうかもしれません。なんとなく漠然としたコンセプトやポエムみたいなメッセージはなかなか伝わりません。

するとシュンとなってしまい、自分の中にある「好き」を伝える作業をやめてしまうかもしれない。

なので、いきなり自分の「好き」を押しつけるのではなく、ボクシングのスパーリングをやるような感覚でコミュニケーションしてみることが大切なのです。

たとえば、自分の「好き」から生まれた新しい商品のコンセプトをツイートしてみる。その反応やコメントを参考にしていきながら方向性を磨いていく。

壁打ちを繰り返すプロセスエコノミーのアプローチでアイデアを育てていけば、当初は漠然と自分の中にあった「好き」の解像度は格段に上がり、商品やサービスを世にリリースしたとき、一人で試行錯誤しているよりも多くの人に受け入れられやすい形に変化しているはずです。

先ほど、プロセスを開示することで、真似をされるデメリットがあると書きました。しかし、機能や性能はコピーできても、個人の「好き」という価値観や偏愛はコピーできません。

プロセスエコノミーにおいて大切なのは、その「自分だけのこだわり」の部分をいかに伝えていくかなのです。次章からはより具体的なプロセスエコノミーの実践方法を見ていきましょう。

第4章

プロセスエコノミーの実践方法

1億総発信者時代の「Why」の価値

ここまでプロセスエコノミーの大切さを伝えてきました。

では、実際にどのようにプロセスを公開していくことがポイントなのか具体的に考えていきます。

ただ単に商品の制作プロセスをオープンにするだけでは、なかなか人は魅力を感じてくれません。

プロセスエコノミーを実践するうえで最も大切なのは、あなたの中にある「Why」(なぜやるのか・哲学・こだわり)をさらけ出すことです。

小学生に「将来なりたい職業」のアンケートを取ると、野球選手やサッカー選手、芸能人やパティシエといった人気職業に並び、ユーチューバーが上位にランクインするようになりました。

誰もが「インフルエンサーになりたい」とYouTubeやInstagramで発信しまくる中、もはや平凡なインフルエンサーは生き残れません。1億総発信者社会では人もモノも埋もれてしまい、なかなか見つけてもらうことすらも難しいのが現実です。

たとえ一時的にフォロワーやチャンネル登録者数が増えても、他の人気者が出てきた瞬間たちまち淘汰されてしまいます。インフルエンサー市場は完全にレッドオーシャン状態であり、既存のインフルエンサーも一夜にして無価値化してしまう可能性があるのです。

何千万人がYouTubeやSNSで発信するようになると、「What」(アウトプットの内容)だけでは差別化できません。

たとえば「What」を伝えるのがうまい学習系コンテンツであれば、ひろゆきさんやメンタリストＤａｉＧｏさん、オリエンタルラジオの中田敦彦さんがいます。そんな戦場で一般のサラリーマンや主婦も戦うことになります。「What」だけで勝負しようとしても、レッドオーシャンの市場で勝ち残るのはとても難しいのです。

そんな状況でファンを獲得するには、「What」一本やりで勝負しないほうが賢明です。なぜ「What」が生み出せるのか、「How」(技)も見せながらギャラリーの注目を集める。そして最も大事なのは、「How」ではなく、なぜやるかという「Why」(なぜやるのか・哲学・こだわり)なのです。

矢沢永吉さんを例に考えてみてください。永ちゃんはステージに立つまで、他の人がこだわらない細部にまで徹底的にこだわり抜きます。こだわりの裏側には永ちゃんの哲学があり、ファンはその哲学そのものに惚れこんでいくわけです。こうなれば、永ちゃんの一挙手一投足のどこを切り取っても味わい深くてたまらない。

「What」「How」は一定のモノサシで測れるものであり優劣が決められますが、「Why」はその人の生き方に拠るものです。

プロセス開示することによって、なぜそれをやるのか?という哲学をファンと共有する。1億総発信者時代のレッドオーシャンの中で、どうにか注目を浴びようと思うと、どんどん過激になっていったり、今売れているモノに似たモノを作ったりしてしまいます。

しかしながら、それをすればするほど、オリジナリティはなくなり、他と同じようなモノになり、結果的に埋もれます。あなたの中にある「Why」を開示して狭くても深い支持を得ることが大切なのです。

もし「Why」がないとどうなるか。アメリカのファンディングプラットフォーム「Kickstarter」では最新の商品が数多く紹介されています。

しかし、リリースの2週間後には性能は8割だけれど価格は半額の類似品が中国で売られている光景をよく目にします。

私はこれを「Kickstarter の悲劇」と呼んでいるのですが、要はプロセスに「Why」がこもっていないと簡単に真似をされてしまうのです。さらに、かなり安い価格で市場に出されてしまうので、安売り競争の世界にも巻き込まれてしまいます。そうならないためにも、やはり「Why」を突きつめることが重要なのです。

伝統文化の「心技体」

「What」「How」「Why」は、日本で言う「心技体」と似ていると私は思います。体（What）と技（How）があり、一番大事なのは心（Why）です。心技体が一致しているからこそ、時代を超えて人を感動させる力をもっているのだと思います。

伝統工芸の職人や歌舞伎の役者は、長年の修業と鍛錬によって心技体が一致しています。

何百年という長い歴史を通じて伝承されてきた体（What）の部分だけでは、初心者が解釈するのは容易ではありません。

技（How）の部分もまた、よほどのツウでなければ深く理解することはできません。

しかしながら体と技の根幹となる心（Why）がしっかりとベースにあるので時代の流れの中でも、しっかり残っていきます。心（Why）こそが、最もおいしい果実なのです。

NHKの「プロフェッショナル 仕事の流儀」やMBS/TBSの「情熱大陸」などは、「心（Why）」をドキュメンタリー映像として撮影して誰にでもわかりやすく伝えることで人気を博しました。

一般の人が普段目にするのは最終的なアウトプットである体（What）とプロフェッショナルの技（How）だけであって、人間としてのこだわりである心（Why）は外部にはなかなか見えません。そこにカメラを入れることによって、視聴者は「そういうことだったのか」と納得し、なおさら匠が生み出す作品に惚れこんでしまうのです。

新しいお客さんにとって、専門的な技術や作品の良し悪しはなかなか判断できません。しかし、一人の人間としてのこだわりや哲学は共感できます。

新しいお客さんやファンを作り出すためのプロセスエコノミーによって共有すべきは「心（Why）」なのです。

スティーブ・ジョブズ亡きあとのAppleの課題

スティーブ・ジョブズのAppleは「心（Why）」によって世界市場に革命を起こしました。

「君は変われるよ。君が変わるための武器を私が提供する」というジョブズのメッセージは、多くの人々の胸に突き刺さります。

Appleに置き換えると、心技体の「体」はMacやiPhoneなどのプロダクト、「技」はAppleのテクノロジー、「心」はジョブズのメッセージ。ジョブズは「体」と「技」の魅力をプレゼンテーションするのは当然として、Appleという世界企業の「心（Why）」の部分を鮮烈な言葉で表現しました。Appleの「Why」は、次のように素晴らしく表現されています。

「We believe people with passion can change the world for the better」（パッションをもつ人々は世界をより良く変えられる、と私たちは信じる）

このメッセージは「Think Different」という有名な広告キャンペーンの中でジョブズが語ったものです。１９９７年に倒産寸前だったAppleに戻ってきたジョブズは「Think Different」というメッセージを発し、ブランドの立て直しを図ったのです。

「Think Different」公開前、ジョブズが社員に向けて語った7分弱の動画があります。

その中で彼は最大のマーケティング成功例としてナイキを挙げています。

私にとってマーケティングはバリューがすべてです。

（中略）

あらゆるマーケティングの事例の中でも傑作であり、世界が目撃した最高のマーケティングはナイキによる広告です。思い出してください、ナイキはコモディティを売る会社です。靴を売っているのですよ。

でも、ナイキのことを考えたとき、単に靴会社だけではない感情を覚えるはずです。ナイキは広告で、プロダクトについて一切語りません。エアソールについて語ったり、リーボックのエアソールより優れている理由を語ったりすることはありません。

では、ナイキは広告で何をしているのか。彼らは偉大なアスリートを讃え、スポーツの素晴らしさを讃えています。それが彼らであり、彼らが存在する理由なのです。

つまり、スポーツや肉体の素晴らしさを讃えることこそナイキのコアバリューであり、「Why」なのです。

そして、それに対しAppleのコアバリューとして挙げたのが、前述の「We believe people with passion can change the world for the better」（パッションをもつ人々は世界をより良く変えられる、と私たちは信じる）でした。

アップルの存在理由は、人々が仕事をこなす箱を作るためではありません。それは私たちの得意なことです。場合によっては、他のどこよりもうまく作れていると言えるでしょう。けれど、アップルの存在理由は、そのためだけではないのです。

アップルの中心にあるコアバリューは、「情熱を燃やす人は、世界をより良い方向に導く」ということです。それが私たちの信じていることです。

実際に、世界をより良い方向に導いた人と仕事をする機会に恵まれました。あなたのような人やソフトウェア開発者、カスタマーにそういう人がいます。彼らが成し遂げたことは大きいものもあれば、小さいものもあります。

私たちは信じています。人々は世界をより良い方向に進ませることができるということを。そして自分が世界を変えられると信じるクレイジーな人が、実際に世界を変える人だということを。
（日本語訳引用　https://jasonrodman.tokyo/steve-jobs-think-different/）

Apple はパッションをもつ人をサポートする。
情熱をもつ人と共に、冒険を重ねていく。
その Apple の「心」の部分に賛同するからこそ、顧客は Android の2倍近いオカネを払ってでもこぞって iPhone を買うのです。
iPhone ユーザーは、「体」や「技」ではなく、「心」のプレミアムにオカネを払っていると言ってもいいでしょう。
２０１１年10月にスティーブ・ジョブズが亡くなってから、10年が経過しました。
iPhone ユーザーはまだ辛うじてジョブズの残り香を感じてはいますが、「iPhone にはもうそこまでのイノベーションはないよね」と気づき始めています。
スティーブ・ジョブズ亡きあと、素晴らしいプロダクトや最先端のテクノロジー以上に、その根っこにある「心」をいかに伝えていくかが Apple の課題なのかもしれません。

最強のブランド「宗教」に学ぶ

プロセスエコノミーにおいて大切なのは、いかに「Why」を伝えていくかだということがわかりました。

ジョブズのようなカリスマ亡きあと、「Why」を確実に伝承するにはどうしたらいいか。最強のブランドとも言える宗教ではしっかりと定義されています。

キリスト教の聖書も仏教の経典も、イエスや釈迦が自分で書いたものではありません。イエスや釈迦が生きている間は、口承によって教えを広げていきました。その教えを弟子たちが口々に語り継ぎ、やがて弟子の中の智慧者《ちえしゃ》が文書として記録したのです。教祖や開祖が自分の口で語った言葉、信者に見せていた生き様を、何百年でも何千年でも反芻《はんすう》できるように経典に落としこむ。

こうしてキリスト教や仏教は世界宗教として広がっていきました。

宗教の第一段階は、教祖本人が生きている初期の時代です（Cult・カルト）。次に、教祖がもっていた心の部分、「Why」の部分をエバンジェリスト（伝道者、宣教師）が言語化していきます（Sect・セクト）。そして「Why」を体験化した教会の時代（Church・チャーチ）に達します。そうすれば人は「Why」を強く意識することもなく自然と伝承し始めます。

経典は字が読める人にしか伝わりません。文字が読めない人が多い地域で「聖書を読もう」と言ったところで、宣教はうまくいかないわけです。

だからこそ宗教家は、文字を読めない人のため「Why」を日常的な習慣に変換する方法を考えたのです。

教会でゴスペルの曲を聴けば、そこで歌われている歌詞に聖書の大事なメッセージが自然に入っています。教会には倍音効果があり、みんなで音程を合わせて合唱すると、まるで天使の声が上から降ってくるように聞こえる設計になっているのです。

歌声は教会の中で増幅され、1オクターブ上の音と一緒に天から降ってくる。すると「あなたはあなたらしく生きていていいのですよ」と神の声が聞こえてくるかのような疑似体験ができます。

前述した「システム1」（感情脳）、「システム2」（論理脳）のうち、どちらが作用するのか。多くの人は「システム1」（感情脳）によって直感的な情動を刺激されます。

歌い、踊り、みんなで一緒に祭りを楽しむ。宗教は「Why」を引き継ぐ仕組みをもっているから何千年と多くの人の救いになり続けているのです。

サイモン・シネックのTEDプレゼンテーション

皆さんがプロジェクトを立ち上げたり仕事を手がけたりするときも、共有するのは「Why」だということを頭に入れておくかどうかで格段の違いが生まれてきます。「Why」の部分を意識しなければ、あなたが頭に思い描く意図はメンバーに深く伝わりません。

最初から明確に「Why」を設定してもらったほうが、人は動きやすい。

そのことを説明した約18分の動画があります。サイモン・シネックという作家によるTEDのトークイベントです。

「優れたリーダーはどうやって行動を促すか」でググると動画が見つかります。ちなみにTEDは「Technology」「Entertainment」「Design」の頭文字です。

「なぜ Apple はイノベーティブで、ほかとは違う何かがあるように見えるのか」

「なぜマーチン・ルーサー・キングが公民権運動をリードできたのか」

「なぜライト兄弟は、ほかのグループよりも早く有人動力飛行を成功させたのか」

そんな問いを投げかけながら、サイモン・シネックは、くどいほどに「Why」の大切さをたたみかけていきます。

「People don't buy what you do; They buy why you do it」（人々は「What」にオカネを払うわけではない。「Why」にオカネを払うのだ）

既存の発想を転換し、プロセスを通じて人々と「Why」を共有することに力を注ぐべきだ。サイモン・シネックはそう強調します。

サイモン・シネックのこのスピーチは、最初アメリカの片田舎で開催されたTEDx（x=independently organized TED event）で披露されたのですが、あまりに反響が大きかったので、2年後に本になり、5年後に本家のＴＥＤで話すことになりました。

このことから2つのことが改めて証明されました。

1つは、人は強いコンセプト、まさに「Why」で大きく動くということ。もう1つは、正解が見えない中で大事なのは、「Why」への腹落ち感（make sense）だということ。

彼の場合、動画そのものが「make sense!」と称賛され、シェアされていったのです。

楽天で人気店になるための3つの法則

プロセスを共有するうえで「Why」が大切だということを伝えてきました。ここではイメージしやすくするために具体事例と共に紹介していきます。

楽天ショップの人気店を分析してみましょう。

楽天で商品がよく売れる店舗には、3つの特徴があり、これらは「Why」を解像度高く要素分解したものと考えることもできます。

人が「Why（意義）」をもって何かに向かうときにあふれ出す3つのポイントです。

①マイクロ・インタレスト（自分ならではのこだわり）

②コミットメント（やりきる責任感）

③弱さの自己開示（ちょっとした失敗）

そもそもネット通販に安く早くを求めるならば、楽天よりもAmazonが便利です。それでも敢えて楽天で買い物をするのはなぜでしょうか？　それは、無味乾燥な買い物ではなく、商店街で店主の顔を見て、説明を聞きながら欲しいものを探していくというような体験を求めているからです。

これは、まさに商品の質や値段よりも、お店のWhyに魅力を感じてモノを買うというプロセスエコノミー的な行動です。そんな楽天において必要な特徴を紹介します。

1つ目のキーワードは「マイクロ・インタレスト」です。

楽天には、異様にワインに詳しいマニアックな店長がときどきいます。

その店長は安くておいしいチリワインを、それこそ人生をかけて本気で仕入れているのです。まだ誰も知らないチリワインも、その店に行けばきっと売られています。ほかの店舗とは違った「マイクロ・インタレスト」自分ならではのこだわりを、深掘りしている。オタクっぽい特性とこだわり、偏愛が垣間見えると、「この店のワインはおもしろそうだから買ってもいいかな」とお客さんが興味をもってくれるのです。

2つ目のキーワードは「コミットメント」です。チリワインオタクの店長は、こんなに丁寧に真剣に輸入業者と交渉している。ワインの品質が守られるように箱をこんなにまで工夫して輸送している。その責任感がお客さんに伝われば「この店はきちんと仕事をしてくれる」というレビューがつきます。するとただの「関心」が強い「信頼」へと変わっていくのです。

昔の秋葉原は、世界でも稀に見るすさまじい電機街でした。とんでもなくマニアックな客がやってきたときに、どんなニーズにも応えられる細かいパーツがすべて揃っていたものです。

お店の人にちょっと質問すれば「ああ、それだったら石丸電気の3階に、真空管に詳しくてメチャメチャマニアックなスピーカーを作っている人がいるよ」と教えてくれます。

秋葉原に行けば、自分ならではのこだわりをもって、最後まで面倒を見てくれる、愛すべきオタク店主が大勢いました。そういう店は、単なるお客さんとお店、という無味乾燥な関係を突破し、熱のあるコミュニティを作っていくのです。

「しくじり」が共感を呼ぶ

3つ目のキーワードは「弱さの自己開示」です。

楽天で商品を買ってくれたお客さんには、以後メールマガジンを送ることもできます。メルマガの購読を解除する人も多いので、商品を送るときに紙版のニュースレターやお礼状を同封することもあります。そのメルマガやニュースレターに、商売をする中でしくじった経験や裏話を載せて共有します。

「なかなか納得いくワインが仕入れられず、会社の経営がマズいことになってます。でもメチャクチャがんばってこのワインを日本にもってきたんですよ」というエピソードが書かれていると、酒の肴についついい読みふけってしまいます。

「この人は、普通の人がこだわらないところまでこだわって仕事をしているのだな」「この人は商売は下手だけどたしかな信念がある」と人間性が伝わるかもしれない。

「私にはこういう弱さがあるんですよ」という自己開示をすることによって、お客さんとお店という関係が、同じプロセスを歩む同志のように思えてくる。

「この店長、またミスしているよ。しょうがないなあ。こうやって苦労して仕事をしているのか。だったらオレが6本余計にワインを買ってあげるよ。その代わり、次はまたいいワインをもってきてくれよな」

そんなふうに、お客さんは店主の人間味を感じてさらにファンになってしまうのです。

楽天にアクセスすれば、自分のマニアックな嗜好を満たしてくれるおもしろい店主がいる。自分が支えてあげたくなる。商品を買うだけでなく、その店主のリアルなプロセスが楽しみでたまらない。

「この商品が好き」を飛び越えて、人間的な関係性までもが生まれる。ここが、まさにプロセスエコノミーです。

機能性の勝負、安売りのヘトヘト勝負から抜け出して、小さくても意味があるプレイヤーが勝つ。楽天の人気店には「Why」を大切にしてプロセスエコノミーで勝ち抜くヒントがたくさんあります。

「シンパシー」「コンパッション」という2種類の応援

こういった大きな「Why」をもっている人への共感が生まれると、まわりにいる人がその人を応援したくなる。これがプロセスエコノミーのおもしろいところです。

しかし、ここで敢えて丁寧に伝えたいのは日本語の「共感」にはシンパシー（sympathy）とコンパッション（compassion）の2種類があるということです。一口に共感といっても、そこには微妙な違いがあります。

「sympathy」の語源は「シンクロする pathy（感情）」という意味です。「間違えておにぎりをたくさん仕入れすぎた。ピンチだから助けてください！」とTwitterで呼びかけたら、みんながそのコンビニに出かけておにぎりを買い、応援してくれる。そんなムーブメントがときどき話題になります。

辛そうにしている人を見つけたとき、その人に同情して「応援しますよ」と行動を起こす。小さな個の応援が束になり、お祭りになるわけです。

こういうムーブメントは一時的な共感と応援を集めやすい。一方で、長続きはしません。次の日も「困りました」、その次の日も「困りました」と言っても、人々は特定の人ばかりを応援してはくれないでしょう。

もう1つの「compassion」。「com」の語源は「accompany with」（〜を伴う、〜と一緒に）です。「passion」は「メラメラ燃える情熱」と解釈するのが一般的ですが、実は「十字架に架けられたキリストの受難」という壮絶な意味もあります。

これからゴルゴタの丘で処刑されることがわかっていても、信念を曲げず貫き通すことによって、自分は世界を救っていくのだ。その確信があったから、キリストは命をかけて信念を貫きました。

「たとえ自分の身を焦がしてでも、この目的を実現したい」。そういう人が歩いていると、「私も一緒に歩きます」と言ってプロセスを伴走してくれる人が現れます。この共感は、永続的なものです。

どちらが良い悪いではなく、プロセスエコノミーにおいて「共感」こそが大切な要素です。ざっくりと「共感」を扱うのではなく、どのようなタイプの「共感」なのかを認識することが重要です。

ジャングルクルーズ型かバーベキュー型か

本章を結ぶにあたり、プロセスエコノミーでお客さんとプロセスを共有するにはジャングルクルーズ型とバーベキュー型の2つがあるという話をご紹介します。

ディズニーランドのジャングルクルーズというアトラクションは、なぜあんなに人気なのでしょうか。アトラクションに乗りこんだ客は、一人一人が冒険の仲間です。「右から弾が飛んできた！」「後ろからも来るぞ！」と船長の呼びかけが聞こえると、みんなキャーキャー騒ぎながら冒険の最前列に陣取っている感覚を味わえます。

プロセスエコノミーによって集まった人は、あたかもジャングルクルーズに乗っているようなワクワク感を味わえます。世界を変えるサービスを立ち上げる、見たことのないエンタメを作る。そんな夢を実現する冒険を、実際には危険のない場所で共に味わうことが最大の価値なのです。

また一方で、一人一人が実際に手を動かし、みんなで作り上げるバーベキュー型のプロセスエコノミーもあります。

バーベキューは、色々なタイプの人が参画しやすい隙間があらかじめ設定されています。

バーベキューでの役割は、肉を焼くことばかりではありません。ウチワで辛抱強くあおぎ続けて空気を送り、木炭の火起こしをするのが得意な人もいます。洗い場を探してキレイに野菜を洗い、食べやすいように包丁で切る仕込みもあるわけです。みんながお腹いっぱい食べたあと、片付けをする人もとても大切です。

一方で仕事は何もしないけれど、お酒を飲んで場を盛り上げる人がいてもいいわけです。

バーベキューというのは、ある意味でお金を払って「仕事」をするという極めてプロセスエコノミー的な体験です。大切なのはそのプロセスの中には、多様な人が楽しく参加できる小さな役割がたくさんあるということです。

レストランでステーキを食べるときは、こうはいきません。シェフがお肉を焼いてくれるので、参加の余地はなくコミュニティも生まれません。

つまりプロセスエコノミーをバーベキュー型で展開するためには小さな役割をたくさん用意し、居場所を作ってあげることがキーになるのです。

コルク代表の佐渡島庸平さんは、人を巻き込むにはまずコミュニティのメンバーに「いてもいいんだ」と感じてもらうことが大事だと言っています。

そのときにできる一番簡単な方法は、役割を与えることです。

たとえば、学校に転校生が来たときに何も役割がないと「いてもいいのかな」と気まずくなってしまいます。しかし、そこで先生から「金魚にエサをあげる係をお願いね」と役割を与えられれば、「ここにいていいんだ」と思うようになり、コミュニティに参加している気持ちになります。

つまり、コミュニティを作るうえでは、余白を敢えて作って、役割をたくさん用意することが重要なのです。

ジャングルクルーズ型で挑戦プロセスの目撃者にするか、バーベキュー型でみんなで共にプロセスを作り上げるか。プロセスエコノミーの手法は1つではありません。

いよいよ次章では、プロセスエコノミーをうまく活用している企業を参考にして、自分の「Why」を伝えるには、どのような型が合っているのか考えていきましょう。

第5章

プロセスエコノミーの実例集

BTSが世界市場で突き抜けた理由

２０１８年、ＢＴＳがアメリカの音楽チャートBillboard（シングル部門）で第１位に輝きました。

２０１９年、２０２０年には2年連続でグラミー賞授賞式にゲストとして招待され、２０２１年にはグラミー賞にノミネートまでされました。ＢＴＳはワールドツアーも大成功させており、完全に世界基準のトップアーティストです。

ＢＴＳをはじめとするＫ－ＰＯＰが、なぜ世界中でエンターテインメントとして受け入れられていったのか。

これはハーバード・ビジネス・スクールで研究論文が出ているくらいおもしろいテーマです。１つの要因としてＫ－ＰＯＰは、プロセスエコノミー的な仕掛けをしたことによって、世界的なコンテンツとして成長しました。

ミュージシャンにとっての最終成果物（アウトプット）は、アルバムのリリースですが、ＢＴＳは7人のメンバーの肖像権にガチガチの縛りをかけていません。

「ＡＲＭＹ」と呼ばれる熱烈なファンはクラウドファンディングによってオカネを出し合い、渋谷の１０９にあたるような一番目立つ場所に自腹でＢＴＳの広告を掲載します。一般の人が少額を出し合い、広告を出すのです。その広告にメンバーの写真を使っても、事務所はクレームをつけたりしません。

またYouTubeでＢＴＳの曲を流し、ファンがダンスの動画をアップロードしたりコメントをつけたりするのも自由です。ファンはＢＴＳのダンスを研究し、どうすれば完全コピーできるか細かく紹介して動画を発信していくのです。このようにして仕掛け人たちは、ＢＴＳを自発的に応援・宣伝してくれるセカンドクリエイターをどんどん増やしていきました。

さて、アメリカでブレイクする前に、ＢＴＳが一番稼いでいた国はどこでしょう。意外なことに中東のＵＡＥなのです。BigHit（ＢＴＳの所属事務所）の社員はＵＡＥに引っ越して、住みこみで仕事を始めます。現地の「ＡＲＭＹ」と交流しながら、ＢＴＳの良さを中東で広めていく方法それ自体を現地のファンと一緒になって考えていきました。お客さんを、ファンに、そして共犯者にしていったのです。

まるで宣教師がミッションを果たしていくように、未開の地でＫ－ＰＯＰの魅力を伝えるセカンドクリエイターを育てていく。プロセスエコノミーの方式でBigHitは「ＡＲＭＹ」を固め、ＵＡＥ以外の各国でも次々と連帯を広げていきました。

そして彼らが歌う歌詞には、ドキッとするほど哲学的なフレーズが入っていたり、政治的とも読み取れるフレーズが書きこまれていたりします。

ただ楽しく歌って踊って幸せになるのではなく、口ずさんでいる人が「あれ、これって私の問題でもあるよね」「これって私が暮らす社会の問題だよね」とハッとする。「Why」が、一人一人の人生のストーリーにしっかり落としこまれていく。そうやってプロセスを共有し、BTSとファンは一緒に歩んでいくようになるのです。緻密な戦略によって作りこまれたBTSがブレイクしたのは、必然的な結果でした。

ジャニーズ事務所の緻密なファン戦略

実はジャニーズ事務所もずっと、プロセスエコノミーの手法でアーティストを売り出してきました。SMAPや嵐のメンバーが、いきなり華々しくデビューしたわけではありません。入所したメンバーはまずジャニーズJr.に所属し、すでにデビューしているグループのバックダンサーとして下積みを始めます。

グループとしてデビューすることを夢見てがんばるメンバーのプロセスを、無名の時代からファンは応援するのです。そんな「推し」の心情をジャニーズ事務所はよくわかっています。ジャニーズJr.のメンバーの人気と知名度がだんだん高まり、「推し」の密度と濃度がある段階まで高まったとき、初めてグループとしてデビューするチャンスが与えられるのです。

ジャニーズ事務所がコンサートを開くと、ファンクラブの会員だけでドームもアリーナも満員になります。ただでさえ熱いファンばかりが集っているところに、ジャニー喜多川さんがどんな仕掛けを施したのか。

なんとコンサートの席の近くに座っていた人が、帰りの電車で同じ路線になるようにチケット配分をコントロールしていたという逸話があります。

帰りの電車の中で「今日のコンサートは良かったなあ」と余韻に浸っていると、さっき近くで座っていた人がジャニーズのグッズをもっている。「あなたもコンサートに行ったんだ。あの曲最高だったよね」と帰りの電車の中で盛り上がり、そこから友達になって、同じストーリーを共有しファンコミュニティが生まれます。本当の話か確認できなかったのですが、ファンを大切にされるジャニーズらしい都市伝説で、今改めてヒントになると思います。

配信サービスとオンラインコミュニティが活発化する前から、アイドルのファンはカセットテープやCDで曲をかけてみんなと一緒に聴いたり、みんなで語り合ったりしていました。そうやってだんだんと熱量を高めていって、チケットが取れたらコンサート会場で熱量を爆発させる。

ジャニーズは昔からプロセスエコノミーだったのです。

最終成果物である音楽が無料で聴けるようになった結果、音楽マーケットは縮小していると思われがちです。しかし実際はそうではありません。希少性が高いライブ、コンサート市場の売上は、この10年で倍になっています。コンサート会場での物販市場も伸びていて、チケット収入と同じくらいタオルなどのグッズがよく売れるのです。またSHOWROOMなどのライブ配信で練習風景や日常を配信し投げ銭を受け取るアーティストも増えています。

新型コロナのせいでエンタメ市場は大打撃を受けていますが、コロナが収束すれば、生の音楽に飢えている人々が再びコンサート会場に押し寄せるでしょう。YouTubeなどでアウトプットが無料になってもアーティストの創作活動を応援するというプロセスがファンの熱量を高め、プロセス自体で収益を生むことも可能になっているのです。

シャオミ基本戦略「口コミ『鉄の三角』」

エンジン	製品	機能を極限まで洗練させることで消費者から高い評価を得る
加速器	コミュニティ	より多くの消費者がファンとなる仕組みを構築し活用する
関係性連鎖	情報コンテンツ	話題性を創出し情報をより広範に浸透させる

出典：『参与感』

参照：LiB CONSULTING/中国シャオミ：
世界最大のコミュニティマーケティングカンパニーから学ぶこと
(https://www.libcon.co.jp/column/detail020/)

中国シャオミの「みんなで作り上げるスマホ」

エンタメ業界だけでなく、プロセスエコノミーのメソッドを採用している例は一般企業にもあります。2010年に中国で創業されたXiaomi（小米科技、シャオミ）が典型例です。

第1位のSamsung、第2位のApple、第3位のHuawei（華為、ファーウェイ）に続き、シャオミはスマートフォンの世界シェア第4位の売上を誇っています（2020年出荷台数）。2019年末には日本市場にも参入しました。カメラの機能が1億画素もありながら、5万円台で買えるのが売りです。

お手頃な価格でスマホを手に入れるためには、

Samsungのスマホやi Phoneが搭載している機能をあれもこれも総取りするのではなく、機能の取捨選択をしていかなければなりません。自分たちにとって一番使いやすいスマホとは何なのか。ソフトウェアがどんどん発達していけば、ハードウェアがそこそこでも使いやすくなるのではないか。

シャオミはファンのことをミファン（米粉）と呼び、大切にしています。3000万人いるネットコミュニティの中で情報をオープンにして、「こういうやり方のほうがいいと思う」という意見を拾っていきました。

そして毎週月曜日に、新しいアップデート情報を公開していったのです。みんなから要望が多いアイデアを取り入れて、シャオミはユーザーと一緒に理想のスマホを作っていきました。そのユーザーは発売前から潜在的顧客になっていきます。

この方法は「口コミ『鉄の三角』」というシャオミの基本戦略に則ったものです。「鉄の三角」は「製品」「コミュニティ」「情報コンテンツ」の3つの要素からなっています。

デザイン性が高く、リーズナブルな製品。その販売までの過程をコミュニティ内でオープンにする。有益で、ワクワクするような情報コンテンツをシェアし、ユーザーの意見も積極的に製品に反映させる。

その結果、製品が発売される頃には、ユーザーはよりシャオミのファンになっている。

まさにプロセスエコノミーのメソッドです。

メルカリでは野菜を売れ

メルカリの機能は、中古品、不用品を売買するリサイクルショップだけではありません。

かしこい農家は、メルカリを産地直売のお店として使っています。農家が作った新鮮な野菜を、消費者のもとに安く直接届けるのです。

メルカリで野菜を売ることのメリットは2つあります。第1に、お客さんと直接やり取りするので価格を安く抑えられることです。農協を通じて作物を売ると、流通の過程で農協や卸業者に利益を中抜きされてしまいます。スーパーマーケットや青果店は多額の家賃や光熱費、人件費をかけていますから、当然利益を分配しなければなりません。

しかしメルカリで直売すれば、中間業者に中抜きされていた利益を総取りできます。梱包材のコストや送料代を差し引いても、十分収益が出せるでしょう。

プロセスエコノミー的には第2のメリットが重要です。それは生産者とお客さんの直接のつながりができ、リピーターとして野菜を買い続けてもらうことで、あたたかいファンコミュニティを作れることです。

「今日は嵐で大変でしたが、こんなトマトができあがりました」「今年の青森ニンニクは出来がすごいですよ」と、生産者本人が書く。写真と一緒にミニ新聞にまとめて、野菜と一緒に同封することもできるのです。

するとお客さんはその人から野菜を買うのが楽しみになっていきます。アウトプット（野菜）を買いながら、プロセス（農家の物語）も一緒に楽しんでしまう。メルカリを介したプロセスエコノミーによって、農業も変わっていきます。

「北欧、暮らしの道具店」が成功した理由

マガジンハウスの「Olive」（2003年に休刊）という雑誌を毎号愛読する女子は、クラスの中に数人はいました。「Olive女子」はクラスの中であまり目立たずおとなしく、「ここは自分の居場所じゃない」「自分はここの住民じゃない」と思いながらも家に帰って「Olive」を開いたときに「ああ、これが私のライフスタイルに合った居場所だ」と

安心したりしたのかもしれません。

「北欧、暮らしの道具店」（https://hokuohkurashi.com/）は、「Olive女子」のような、自分なりのこだわりのある人が商品を買う場所としてとてもうまく設計されています。シンプルだけどオシャレ、実用的だけどデザイン性のあるものに囲まれた暮らしをしたい。そういう人が想いをもって商品を買う場所なのです。

創業者の青木耕平さんは「僕らはモノを売っているんじゃやない。映画館の入場券を売っているようなものなのだ」と言います。

「北欧、暮らしの道具店」では、ただモノを通信販売で売って終わりではありません。シンプルだけどオシャレな北欧流の生活にお客さんはあこがれをもっています。そのお客さんに向け、商品を仕入れてきた想いやこだわり（Why）を、ブログや動画によってどんどん共有していくのです。

YouTube公式チャンネルで配信されているオリジナル動画は月間１００万回を超えています。中でも、「北欧、暮らしの道具店」が作り上げる世界観に浸れるドラマシリーズ「青葉家のテーブル」は、６００万回再生を超え、映画化もされました。

「作り手は、ここまで想いを込めてこの商品を作っているんですよ」「この商品にはこういう歴史があります。そのうえで私たちは、日本の方々向けにこういう工夫とカスタマイズをしました」といったプロセスを共有し、ストーリーを楽しむ。それこそが一番の楽しみであり、商品を買うことはそのプロセスを目撃するためのチケットなのです。

ゲーム配信とClubhouseがヒットした理由

プロセスエコノミーのおもしろさの源泉は「人の個性がにじみ出ること」です。２０２１年に入ってから、日本にも招待制の音声ＳＮＳアプリClubhouseが上陸して爆発的に流行しました。

Clubhouseがはやる手前の段階で、YouTubeのゲーム実況がはやったものです。本田翼さんや手越祐也さんは、ゲームをやる映像をYouTubeで流しっぱなしにして実況中継しています。なぜあれがおもしろいのでしょうか。

ゲームとは基本的にトラブル発生装置です。せっかく順調に敵を倒して障壁をクリアしてきたのに、集中力を欠いてズッコケたり失敗したせいで、いきなりゲームオーバーになってしまう。「あっちゃー」と悔しがる瞬間、普段表に出ないむき出しの自我が飛び出す。プレイヤーのしくじりや個性がにじみ出るから、ゲーム実況はおもしろいのです。

何の問題もなくクリアしてしまってはゲーム実況を見ている視聴者はおもしろくありません。ゴールよりもプロセス自体がコンテンツなのです。

トラブル発生時以外にも、人は他の誰かとからむときに個性がにじみ出ます。Clubhouseという音声SNSアプリは、ノープランで人と人がからむ予測不可能性、コラボレーションのおもしろさを可視化してくれました。

予測不能なプロセスこそ一番の果実

ビデオチャットサービスのZoomは「会議を開く」「インタビュー取材に応じる」といった目的型コミュニケーションのために、効率的に設計されています。そのため非目的型の出会いにはイマイチ向いていません。

その点、Clubhouseは「おもしろい人にバッタリ出会って話が盛り上がる」という非目的型コミュニケーションにとても向いています。さらに言うと、Clubhouseは座談会発生装置とも言えます。

社会コミュニケーション学の世界で「カジュアル・コリジョン」（Casual

Collisions）という言葉があります。道を歩いているときに「おお、久しぶりじゃん」とカジュアルにぶつかる。

そこから「最近何やってるの？」と雑談が始まり、「飲みに行こうか」とさらに話が盛り上がる。新型コロナのせいで会食がなくなり、リモートワークが推奨されるようになったことで、リアルな現場でのカジュアル・コリジョンが生まれなくなりました。Clubhouseは、コロナによって失われてしまったカジュアル・コリジョンが起こりやすいのです。

Clubhouseは招待制のSNSですから、自分の電話番号を知っている誰かから招待されない限り、参加することができません。自分がフォローしている人のルームの会話しか聴けないこともあり、構造的にカジュアル・コリジョンが起こりやすいのです。

新型コロナ前は、六本木や西麻布でIT起業家やイノベーターが毎晩飲んでいたわけです。「今どこ？」とLINEを送れば、タクシーで1～2分のところにみんなが必ずいる。「あっちに家入さんがいるなら店を移動しよう」とか「ホリエモンが呼んでいるから行くか」みたいにやっていたカジュアル・コリジョンが、一部Clubhouseに移行しました。

一方でClubhouseは、DMMの亀山敬司会長や市川海老蔵さんのような強者ばかりが集まる場所ではありません。腐女子クラスターや高校生クラスターみたいに、フワッとした緩いコミュニティも成立しています。そういうクラスターの会話を聴きに行くと、放課後のカラオケボックスで学生がダラーッとしている感じがして、とてもおもしろかったりします。

恋愛弱者であることに悩む20代の若者が、どうすればうまく恋愛できるのか素朴な質問をまわりの人にぶつけていく。「恋の休憩所」という部屋もあれば、釣り好き、サウナ好きばかりが集まる部屋もある。

文壇バーなのか。釣り好きが集まるバーなのか。新宿ゴールデン街や渋谷のんべい横丁のように、客層に特徴がある店がたくさん軒を連ねている。5〜6人の客が夜中にボソボソしゃべっている。そんな中に、有名人が突然やってきて話に加わってくれる。それがClubhouseという空間の魅力でした。

やがて新型コロナが収束すれば、再びみんながバーで普通にお酒を酌み交わせる日がやってくるでしょう。それまでの端境期にまさに個人的なコミュニケーションというプロセスをさらけ出すClubhouseのようなプラットフォームが登場したのは興味深い現象です。

2021年6月現在、あまりの熱量で浸透したゆえか、Clubhouseは急速に勢いを失っていきました。しかしプロセスエコノミーがもつ大きな可能性が示されたのは事実です。

創業9年で10億ドル企業になった「Zappos」

Zappos.com の最高にハッピーな事例もご紹介しましょう。

多くの企業は、自分の会社が作った製品を売るための流通に多額の手数料を支払います。そうしなければ商品を棚に置いてもらうことすらできません。Amazon や楽天のようなネットＥＣは、売上の10～20％、あるいは15～25％を中抜きします。

ネットＥＣで商品をたくさん売るためには、集客のために広告を打たなければなりません。Google や Facebook の広告には、売上の10～25％もコストをかけていたりします。つまりモノを顧客に届けている企業は、客を集めるために売上の3分の1を払い続けていたりするのです。

プロセスエコノミーを進める中で仲間が増えていけば、流通を押さえたり、客を集めるための宣伝費に膨大なオカネを支払ったりする必要はありません。どこかの流通プラットフォームに依存するのではなくファンと直接つながる。不特定多数に向け広告を打つのではなくファンと共犯関係になる。浮いた分のオカネは商品の品質を高めるために使ったり、新商品の開発に投資できます。これは企業にとってもお客さんにとってもwin-winです。

靴という商品は実際に履いてみないと履き心地がわからないため、最もＥＣに合わないと言われる分野でした。にもかかわらずZapposは、99年の創業から10年も経たないうちに、年間売上10億ドルを達成します（２００８年）。

「私たちは、たまたま靴を扱っているホスピタリティ・サービス企業です」「私たちは皆さんにWow!を届けます」

こういう想い（Why）を打ち出すZapposは実際にどのようにホスピタリティを発揮しているのでしょうか。

チャットでお客さんから「こんな靴を探しているんだけど」と要望が来ます。もしZapposにその靴がない場合は、なんとお客さんが住んでいる近所のＡＢＣストアに電話をかけて探し出し「ピッタリの靴が、４マイル離れたＡＢＣストアに置いてありました。いったん在庫を確保しておきましたが、どうしましょう」と教えてくれるのです。するとビックリした客の心に「Wow!」が湧き起こります。さらにこういう「Wow!」は誰かに伝えたくなるものです。

一回惚れこむと、ほかより多少値段が高くても次もZapposで靴を買いたくなる。しかも口コミでファンを増やしてくれる。

次第に、Zappos の売上の4分の3はリピーターで占められるようになりました。さらに残りの4分の1の客のうち、半分は口コミで靴を買ってくれるお客さんなのだそうです。

必然的に流通経費や広告費は抑えられます。「Why」を共有するプロセスエコノミーによって企業のオカネの使い方も変わってくるのです。

広告宣伝費がゼロになる企業

一般の企業は売上の2割から3分の1を広告宣伝費に使い、流通に売上の4割を使います。Zappos はその経費を投じなくても、プロセスに共感したリピーターのお客さんから靴を買ってもらえるようになりました。

Zappos が使う広告費は、売上のたった1%ですが、それでもリピーターを獲得しているいる彼らが広告を打つのはなぜでしょうか？

「Zappos の従業員は、こんなにも顧客のことを愛している。こういう従業員がいてくれて私たちはうれしい」と、自分のところの従業員をホメちぎるイメージＣＭを打つのです。

Wow!を届けるという「Why」のもとに、お客さんだけでなく従業員までをも巻き込んでいく。企業、従業員、お客さんを熱量の高いコミュニティにしているのです。このZapposの選択は、プロセスエコノミーの本質を鋭く捉えています。

なお、10億ドル企業になった直後の2009年、ZapposはAmazonに買収されました。

ZapposがAmazonにつけた条件は「経営と文化に口を出すな」です。

あのジェフ・ベゾスは、そんな強気の条件を呑んでまでもZapposを傘下に引き入れたいと思いました。

「売上が伸びていれば、Zapposの経営と文化にオレは一切口を出さないよ」。そういう約束のもと、Zapposは買収されてからも企業文化を守っています。

Y Combinatorのオフィスアワーが生んだAirbnbとStripe

シリコンバレー最大のアクセラレーター（スタートアップの支援組織）であるY

Combinatorは、1年に2回世界中からものすごい数の応募を受けつけます。その中から100個くらいのプロジェクトを厳選し、3カ月間かけてプロダクトとして磨き上げていくのです。

Y Combinatorとスタートアップの面談の様子は、「オフィスアワー」と銘打ってYouTubeで公開されます。普通は見せないプロセスを公開するという意味で、まさにプロセスエコノミーそのものです。

Y Combinatorの取り組みによって、Airbnb（エアビーアンドビー）やStripe（ストライプ）など世界を変えるビジネスが次々と生まれています。

Y Combinatorの面談者にとっては、小手先のテクニック論なんてどうでもいいのです。彼らは「Why」という問いの部分、イノベーターの根っこに流れるストーリーを丁寧に深くえぐっていきます。するとしゃべっているうちに、起業家がパーン！と脱皮する瞬間があるのです。

「そうか、オレはこれをやりたかったのか」と気づくと、Y Combinatorの面談者はすかさず「それをやりたいんだったら、こういうフレームを考えてみたら？」とアドバイスします。すると、たちまちスタートアップが離陸するのです。

こういう様子を公開していると「ええっ、こんなやり取りからあんなすごいビジネスが生まれているの!?　これならオレでもイケるじゃん」とみんなが気づき、なおさら世界中のイノベーターがY Combinatorに集まるのです。

問いに対する答えを磨いていくプロセスを公開すると「そうか。こういうふうに自問自答していけばいいのか」と、思考の型ができあがっていく。すると面談のレベルはどんどん上がっていくのです。

小手先のスキルなんて、インターネットを使えばいくらでもタダで学べます。ありとあらゆるプロセスをみんなで共有しながら、「Why」というビジネスの本質にフォーカスしていく。こういうやり方によって、第二、第三のAirbnbがシリコンバレーから生まれてくるのです。

第6章

プロセスエコノミーの弊害

自分を大事にして常に「Why」に立ち返る

ここまでプロセスエコノミーのメリットばかりを説明してきましたが、デメリットや危険性も当然あります。

特にSNSなどで手軽にプロセスを開示し共有できるようになったがゆえに、現代を生きる私たちは誰でもハマりやすい落とし穴です。

簡単に言えば、プロセスで稼げてしまうと本来の「Why（なぜやるのか・こだわり・哲学）」を逆に見失ってしまうというケースがあります。

たとえば、注目を浴びるのがとにかく得意な人が、プロセスを上手に開示することによって実力以上に資金やファンを集めてしまう。すると、どんどんプロセスの刺激を増やしていかないと、次に続かなくなってしまいます。

そうすると、より大きなチャレンジを掲げるしかありません。そして、どんどん過激になっていきます。チャレンジのインフレ、みたいなものが起きてしまいます。

だけどアウトプットとしての結果が出ていないと「どうなっているんだ」と見ている

人も怒りだし、詐欺師呼ばわりされたり、逆に熱心に応援する人は「アンチは気にしないで！」となったりします。

本人も批判に追い詰められたりして、アンチを攻撃し始めたりすると、その活動がカルト化していったりします。目に見える結果が出ていない中で、「わかる人だけにわかればいい」というスタンスになり、プロセスを共有し熱狂すること自体が目的化していく。そもそも、自分は何のためにやるのかというのが置き去りにされていきます。

短期的に見るとプロセス「だけ」にフォーカスするのは、資金も注目も効率よく集められていいのですが、長期で見ると、破綻の道になってしまったりすることがあるのです。

プロセスエコノミーは調整のレバーを間違えてはいけない

もちろん、本書で述べてきたとおり、まだ実績がない人が挑戦をするときに、その様子を発信して、応援してくれる人を増やしたり、資金を集めたりすること自体は問題ありません。

それがないと、「すでにお金や人脈をもった人たちだけが次のチャレンジができて、格差が広がり続ける」というふうになったりもします。

しかし、「大きなビジョンだけを掲げて、実体が伴わない。だけど、ビジョンだけを発信し続け、夢の重要性を語り続け、それで注目を集め、また資金が集まっていく」みたいな流れに一度入ってしまうと、誰しも抜けられなくなる危険性があります。

たとえば若手起業家でも、大きなビジョンを掲げ、資金調達を大規模にして、そのうえでTwitterなどのSNSで夢の大切さや仲間への想いなどを語り続け、講演会やテレビに出て、オンラインサロンで月額の会員費を稼ぐ、みたいな流れに一度入ると、本業の事業とかけ離れていき、本業で小さな成果を積み上げていく、ということができなくなってしまいます。

本業で地味な結果を着実に積み重ねていくより、プロセスでファンを巻き込みマネタイズをするほうが簡単になってしまうのです。

本当に難しいなと思うのが、「大きなビジョンをぶちあげて、期待値を上げて、資金や人材の面で有利な状況を作る」のは、起業家や新しく何かをするクリエイターにとっては重要なスキルという点です(嘘がなければ)。

「Twitterのフォロワー数や注目が多いと、明らかに集客や資金調達や採用の面で有利なのも事実です。

これがないと、最初の数歩が進まなかったりするので、やったほうがいいのですが、調整のレバーを少し間違えるだけで、地獄の道に進んだりしてしまう性質のものだ、というのはプロセスエコノミーの時代だからこそ意識しておいたほうがいいでしょう。

大切なのは他人ではなく自分のモノサシ

クリエイターが作業をライブ配信するサービス「00:00 Studio」（フォーゼロスタジオ）を例に考えてみましょう。

通常、マンガ家は画を描く様子を外部には見せません。創作は集中力を要する作業ですし、作家はおそろしいほど孤独な環境で仕事をしているものです。浦沢直樹さんが進行役を務めるNHK Eテレの「漫勉」という番組は、マンガ家の仕事場にNHKのカメラを入れて創作の現場を映像化することで人気を博してきました。

「00:00 Studio」では、マンガ家が自ら創作の様子を実況中継します。定点カメラを机の上に設置しておいて、本人の表情は見せずにマンガを描いている光景をずっと流し続けるのです。

「1本1本の髪の毛をこんなに真剣に描きこんでいるのか」「あの色はこうやってにじ

ませて描いているのか」という秘密を知ることができれば、視聴者はなおさら作品のファンになってくれるでしょう。

作品を描くプロセスに垣間見えるちょっとした所作の中に、作家が熟成してきた哲学やこだわりがにじみ出ます。その「Why」をみんなで共有して楽しむのです。

黙々とマンガを描くプロセスを実況中継するだけでなく、途中で「こういうところはけっこう苦労するんですよ」とか「ここはこういうねらいで描いてみました。みんなに届くといいな」とボソッとしゃべるマンガ家もいます。

するとコメント欄に「こうやって描いているんですね。私、このキャラ大好きですよ。創作の裏側がわかってうれしいです」という書きこみがあり、マンガ家は「そう思ってもらえてうれしいです。私もがんばります」と返事をフィードバックできるのです。

プロが真剣に仕事をしている様子を、視聴者がじっと凝視する必要はありません。「ながら見」をしながら、自分は料理をやったり勉強したりしてもいいのです。図書館で友達と一緒に勉強するように、仕事に取り組むプロの作家と共に併走感を味わえる。

ただし、このやり方にも落とし穴はあります。プロセスを配信することによって応援コメントがたくさんついたり、投げ銭やアイテムをもらえたりすると、配信側はついつい うれしくなるものです。

チップを投げてくれた人に応えようとして、自分の中心軸にしてきた「モノサシ」がブレて、視聴者側に寄りすぎてしまうことがあります。創作活動の手段としてのプロセス配信だったはずが、プロセス配信自体を目的化してしまう。集中力が落ち、自分の「Why」も視聴者のコメントや反応に合わせるようになってしまう。作家がそれまで培ってきた軸がブレるようでは、最初は喜んでいたファンも次第に「あれ?」と違和感を覚えてしまいます。

なぜプロセスに人がひきつけられるのか。その人の「Why」が、ブレずにしっかりしている。その人しかもっていないモノサシを感じ、自分の中にも取りこみたい。そう思うからプロセスエコノミーの参加者になってくれるわけですし、深く入り込んだ人はセカンドクリエイターとして応援してくれるのです。

ギャラリーにおもねり始めると、魅力的な自分の「Why」を見失ってしまいます。次第に虚構の自分を作り出すことになってしまうのです。

フィルター・バブルの危うさ

オンラインサロンや動画配信、SNSでのプロセス発信に力を入れ、ファンやコミュニティが形成されるとアウトプットの内容よりも、誰がどんな想いで作ったかが大切になります。一方で「フィルター・バブル」に入ってしまう危険性もあります。

インフルエンサーと呼ばれるくらい影響力を増すと、どうしてもまわりに称賛者が増えてきます。インフルエンサー本人と友達になりたくて、肯定的な意見しか言わないイエスマンも増えがちです。すると耳に痛い批判や反対意見が耳に入らず、インフルエンサーはいつの間にか裸の王様になってしまいます。

外部にひしめく多様な情報にフィルターがかけられると、どうなるでしょう。たちまちバイアス（偏り）がかかり、一面的な情報が常識であるかのように勘違いしてしまいます。フワフワしたバブルに包まれ、その中にいれば自分にとって心地よい情報しか耳に入ってこない。するとバイアスはさらに先鋭化し、思考様式がどんどんかたくなに凝り固まっていきます。

２０１６年、イギリスの国民投票はBrexit（ＥＵ離脱）を決定し、アメリカ大統領選挙では泡沫候補だと見られていたドナルド・トランプが大番狂わせで当選しました。国論が真っ二つに分断され、イギリスとアメリカで極論が選択されてしまった理由の１つはフィルター・バブルです。

「近隣諸国と連帯する必要なんてない。自国の国益さえ追求していればいいのだ」「アメリカ・ファーストで行くのだ」という孤立主義と自国第一主義を、両国のリーダーはガンガン訴えていきました。

とりわけ激しかったのがトランプのやり方です。口汚いスラングを連呼し、誹謗中傷とフェイクニュースを巧みに織り交ぜて、フィルター・バブルの内側にいる応援団を扇動していったのです。

プロセスエコノミーの中心者も、これと同じ行動に走ってしまう危険性があることを知っておいたほうがいいでしょう。

閉じられた世界での全能感が暴走すると、フィルター・バブルの歪みはどんどん加速します。

自分のプロセスに同行してくれる人が増えれば増えるほど、「自分が見ている風景が世界のすべてだ」と勘違いしてしまうリスクがあるのです。ときどきバブルの外に足を踏み出して、自分を客観視することが大切です。

SNSがもたらすプロセスの肥大化

2018年5月、登山家の栗城《くりき》史多《のぶかず》さんがエベレストで死亡しました。ポーターを雇わず一人きりで行動し、酸素ボンベを携帯しない単独無酸素登頂が栗城さんの売りです。その挑戦の途中の滑落死でした。

栗城さんはとんでもない環境下で死と隣り合わせになりながら山を登り続ける。その様子を自らネットで配信しました。

8000メートル超えのエベレスト登頂は並大抵の努力では成功しません。低酸素の高山で標高がどんどん上がっていくと、最後のほうは徹夜でアタックしなければならないそうです。酸素ボンベがない危険な環境でぐっすり眠ろうものなら、そのまま命を落としてしまいかねません。そんな登山家の知られざる過酷なプロセスの公開は、ネット中継などを通して熱狂を集めました。

2020年秋に出版されたノンフィクション本『デス・ゾーン　栗城史多のエベレスト劇場』（河野啓著、集英社）を読むと、栗城さんの登山家人生が赤裸々に描かれています。合計8回エベレスト登山に挑戦する中、彼は凍傷によって9本の指を失いました。

栗城さんは登山家としてかなり未熟だったという指摘も、この本には書かれています。単独無酸素登頂という無謀な挑戦を、なぜ途中で止められなかったのか。過激な実況中継で話題を集めれば集めるほど、ファンは応援し、スポンサーから活動資金がたくさん集まります。登山家としての自分の姿を露出し、自己演出に拍車がかかりすぎた結果、ほとんど自殺に等しいような非業の最期を遂げたと本には書かれています。

この本に書かれていることがすべて事実なのかはわかりません。

しかしながら、まわりの人から注目を浴びる中、外から求められる無謀なチャレンジをし続けなければいけない。いつしかそのプロセスが過激化していく。プロセス自体に自分の人生が操られる。

この本にある指摘は今のSNS社会を生きるすべての人にとって重要なものです。

「主体」を「観客」にするな

スピノザは『エチカ』の中で最終目標は「自由」であり、自由の反対は「強制」であると言っています。

自分の意思で能動的に生きていたはずなのに、プロセスエコノミーの中で観客の期待に応えることが目的になってしまう。そして、いつの間にか観客が主体になり、自分の人生のハンドルを握られた状態に陥ってしまう。

「あんなこと言ってたのに違うじゃん」と思われないように自分の行動が他者の目によって縛られます。

自分の「Why」を生きていないから、まわりもひきつけられなくなり、観客が作り出した虚像を生きるようになります。焦って自分の身の丈に合わないチャレンジをし、後戻りできない失敗をしてしまうことがあります。

そうならないようにするためには、他人が作った自分に乗っ取られないように自分の「Why」に常に立ち戻る。自分は何のためにやるのか、自分の一番大切にしているものは何か。常に自問し、振り返り続けることが大切です。

「現実を視よ」

ただし身の丈に合わないチャレンジ自体が否定されるものではありません。

孫正義のような起業家も本田圭佑のようなアスリートも、はじめはまわりが笑うような壮大な夢を掲げ、圧倒的な努力で実現してきました。

天才と詐欺師は紙一重とも言われます。

では、プロセスに溺れてしまう場合と、最終的に結果を出す、もしくは結果を出すように健全に歩みを進められる場合はどこが違うのでしょうか?

それはユニクロ社長の柳井正さんの著書にもある『現実を視よ』（PHP研究所）という言葉を胸に刻む必要があります。

プロセスに溺れてしまうと、壮大な夢と足元の現実の乖離に耐えられなくなってしまいます。

大きなことを語っているのに、実際はまだまだたいしたことがない。これは大きなチャレンジをする人にとって必然のことですが、問題なのは、次第にその辛い現実を直視できなくなってしまうことです。

サイバーエージェント社長の藤田晋さんは「高い志を抱き、それに対する理想と現実のギャップを、日々会社と人材を成長させつつ歯軋りをしながら毎月毎年埋めていくのが起業家の仕事だと、私は思っています」と語っています。これは起業家に限らない真実です。

SNSによってプロセスに価値が出ました。そのおかげで、アウトプットが出る前にファンを作ったり課金することが可能になります。しかし、だからこそプロセスに溺れることなく、理想と現実のギャップを直視し、地道に埋めていくことが大切なのです。

無茶をしてるように見える人たちも実はリスクに対するコントロールがとてもうまいです。

失敗しても余裕がある範囲で立て直せるよう設計しています。孫さんは世間的には

「野望の人」と見られていますが、実は「リスクコントロールの人」です。乱暴に見せかけて、この境界線だけは越えちゃいけないと冷徹に計算しています。だからこそ、何度危機が起きても復活できるのです。

「Will」「Can」「Must」の順番を間違えない

プロセスエコノミーによって仲間を集めるには大きな夢が必要です。「アイドルグループのセンターになって武道館に立ちたい」「宇宙にロケットを飛ばしたい」など、ゴールが大きければ大きいほどプロセスは輝きます。しかし、それゆえに自分には「やりたいこと」がないと落ちこんだり悩んだりする若い人が多くいます。

しかし新入社員のときには「将来やりたい仕事」（Will）、「自分にできる仕事」（Can）、「やらなければならない仕事」（Must）の3つの順番で仕事に取り組むべきだ、という話は皆さんも聞いたことがあると思います。

これはもともとリクルート発のメソッドです。リクルートの社内研修では、定期的に

「本人が実現したいこと」（Will）、「活かしたい強みや克服したい課題」（Can）、「能力開発につながるミッション」（Must）の「WCMシート」を記入して仕事の役割分担を確認します。

上司から「新人はとりあえずこれをやっておけ」と仕事をあてがわれ、なんだかよくわからないままノルマをこなす（Must）。

経験を積むうちに得意分野が生まれてくる（Can）。

「なかなかやるじゃないか」とホメられ、「君にやってほしいんだけど」と仕事を頼まれたり、自分の意思で企画書を通してやりたいことをやる（Will）。「Must」→「Can」→「Will」の順番で階段をのぼるのが一般的な形です。

しかしながら今はSNSを眺めていても、書店の棚に行っても「好きなことで生きていこう」「やりたいことを見つけよう」という言葉にあふれています。「やりたい」（Will）ばかりが目につきます。

実際には最初から「Will」の仕事ができている人なんて、世の中に一握りしかいません。「こんな仕事はやりたくないけど、生活のために仕方なくやっているのだ」というMust（やらなければならない仕事）に携わっている人が大半です。

テレビやネットで楽しそうに活躍している人は最初から「Will」に出合いひた走っているように見えます。でもそういう見方をすると、彼らの実像を見誤ってしまうのです。

たとえば西野亮廣さんが、どれだけ根を詰めて毎日絵を描きまくっているか。絵本を1冊でも多く売るために、腱鞘炎になりそうな勢いでどれだけ大量のサインを書きまくっているか。

「西野さんはやりたいことが爆発していて羨ましいな」と見えるかもしれませんが、彼は「Must」「Can」の仕事を誰よりもこなしたうえで、自分がやりたい「Will」をやっているのです。「Will」だけでラクして稼げる人はいません。

「私にはまだWillが見つかっていません」というのも全然問題ありません。誰かの「Must」を手伝って埋め合わせしているうちに、おのずと「Can」の仕事は見つかります。「Can」が増えていくうちに、やがて自分だけの「Will」に出合えれば、それでいいのです。

焦って自己承認欲求に走り、身の丈に合わない誰かの「Will」を借り物にするのはやめましょう。

「Must」や「Can」の順番を間違えず、色々なことをとにかくやってみる。そうすれば自分らしいやりたいことが見つかるはずです。

第7章

プロセスエコノミーは私たちをどう変えるか

世界的ベストセラーを生んだプロセスエコノミー的な生き方

最終章ではプロセスエコノミーが広がった世界において、個人の生き方はどう変わっていくかということを考えていきたいと思います。

2010年の年末に発売されたこんまり（近藤麻理恵）さんの著書『人生がときめく片づけの魔法　改訂版』（河出書房新社）は、世界42カ国で翻訳されてシリーズ累計1300万部の大ベストセラーになりました。

こんまりさんの夫である川原卓巳さんは、こんまりさんの凄腕プロデューサーです。2020年末、川原さんが『Be Yourself 自分らしく輝いて人生を変える教科書』（ダイヤモンド社）という新刊を出版しました。この本を読むと、こんまりさんの生き方はまさにプロセスエコノミーそのものであるということがよくわかります。

こんまりさんは5歳のときには、お母さんが専業主婦だったこともあり、ＥＳＳＥやオレンジページなどの雑誌を定期購読し、お母さんより先に封を開けて読み始めていたそうです。

お母さんが主婦を楽しそうにしていたから、とにかく良い主婦になりたいというのがこんまりさんの当時の夢で、雑誌を読みながら家事を楽しんでいました。

料理はうまくなる、裁縫もうまくなる。なのに、片付けだけはやれどもやれどもリバウンドしてキレイにならない。

その結果、逆に片付けにのめり込んでいったそうです。

「なんで片付けても片付けても散らかるんだろう」

それを研究し続け、15歳のときに「あ、なるほど。ときめくものだけを残せばいいのか」という着想を得て、初めて片付けがリバウンドしなくなったのです。

でももっと研究したいと、片付け終わると違う場所を片付け始めるのです。学校やお兄さんの部屋、友達のところなどをぐるぐる回るようになる。

大学に入るとこんまりさんにとって思わぬ幸せが訪れます。

一人暮らしの友達が増えてきたのです。彼ら彼女らの家は片付けられる格好の場所になりました。

友達に声をかけては、「ちょっとお願いだから片付けさせて」と言って、家を訪ね歩く。

すると「こんまりちゃんが遊びに来ると家がすごいキレイになる」と口コミが起こるようになります。

そのうちに自分の知らない人からも「お金を払うからやってほしい」と言われるようになり、19歳から仕事になっていきます。

片づけコンサルタントとして活動していく中で、あっという間に半年先まで予定が埋まるようになります。新規のお客さんは半年後にしか受けられない。そこで、片付けのメソッドを本にします。その本が大ヒットし、日本中で知られることになるのです。

アメリカのニューヨークタイムズベストセラーリストでも1位になり、70週連続1位を記録。拠点をアメリカに移し、今ではこんまり®流片づけコンサルタントという片付けの資格の仕事を60カ国の方が取得し、約700名の方が日々片付けの仕事をしている状態になりました。

2019年初頭には、Netflixで「KonMari～人生がときめく片づけの魔法～」（原題：Tidying Up with Marie Kondo）というシリーズが公開されました。こんまりさんが散らかった家庭に出かけて、一緒にお片付けをするドキュメンタリー番組です。これもまたすさまじい大ヒットとなります。

こんまりさんの生き方はまさにプロセスエコノミーそのものです。

ベストセラーを出版したいと思っていたわけでも、アメリカを拠点に活動したいと願っていたわけでもありません。ただ片付けという行為自体に夢中になり、誰よりも楽しんでいただけなのです。

本来、片付けというのは、めんどくさいもの、後回しにしたいもの。でもそれを片付けの変態のこんまりさんは、楽しいものとして捉え、さらに楽しいものとして表現をすることによって、こんまりメソッドに触れた人にも波及していき「お片付けって楽しいな」という口コミが連鎖的に起きていったのです。

人生をEX化する

この話はとても興味深い示唆を与えてくれます。

それはプロセスエコノミーの時代にはEXという考え方が大切なのではないかということです。

これは前述の川原さんが使い始めた言葉で「エンターテインメントトランスフォーメーション」と解釈します。

人はワクワクする生き物だから、あらゆるプロセスに楽しさを実装することでより可能性が広がっていくのではないかという発想です。

川原さんがEXという考え方を着想したのは田村耕太郎さんとの地方創生に関しての

打ち合わせの中でした。

地方創生の課題解決の過程自体をエンタメ化していくのが非常に重要だと田村さんが指摘したのです。

「正しい」を「楽しい」にすると、そこに価値を感じられなかった人にも届き、色んな人を巻き込んでいける。難しい課題も正しく解決するよりも楽しく解いていくほうがよいのではないか。

そんな田村さんの発言を川原さんはＥＸという言葉に変換します。

こんまりさんの人生はＥＸそのものでした。

夢中の3条件

こんまりさんのようにあらゆる過程にエンターテインメントを実装しプロセス自体を楽しむ。プロセスに夢中になるにはどうすればいいのでしょうか。

楽天大学学長の仲山進也さんは人間が夢中になるには3条件あると言います。

まず「得意」であること。そして「その得意がやっているだけで楽しい」こと。最後に「それが誰かの役に立つ」ものであるということです。

つまり得意なことを楽しむということ自体が目的になっていく。それがいつの間にか利他的価値につながると人間はどんどん夢中になっていくそうです。

この「プロセス目的的」な生き方は変化の時代にとても大切です。

昭和の時代は、ないものをあるに変えていくタイミングだったので、安くて良い車を作るとか、他社よりもコンパクトなコンピュータを作ればいいなど、「結果目的的」でした。

しかし変化の時代は、どこにゴールがあるのか、そもそもわからないので、ただ走っていることが楽しいから走る。そういう人が思わぬ結果を生むのです。

こんまりさんのように、片付けが楽しすぎて自分の家を片付ける、兄弟の部屋を片付ける、それがなくなったら友達の家を片付ける、他人の家も片付ける。

そうやって、「やりたい」と「強み」が掛け算になると、人は「時間を忘れて集中する」フローという状態になって、ますます成長する。「得意」と「やりたい」が掛け算で増えていきます。

その成長した「得意」と「やりたい」を満たすためには、もっと大きな「片付け」の場所が必要になってきます。そうすると、自然と遠くへと旅をする。

もう日本の片付けを全部やりたい。世界の片付けを全部やりたい、得意なことをやっているだけで幸せという状態の中で、それがやがて利他的な価値につながっていくのです。

このときに本人には利他という感覚はなく、自分が楽しいからやっている「自己中心的な利他」であり、片付けをすることが自分の「お役目」と思えてくる。

しかも、まわりからは感謝されるので、片付けをすることが最上の喜びにすらなってくるのです。

プロセス目的的であることが、フローとしての成長を加速し、成長に見合うやりたいことを探すようになる。

夢中で旅をしていると、他の人も夢の中に巻き込む、まわりを夢中にする大きなところまでたどり着くのです。

Googleの20%とマインドフルネス

Googleには「20%ルール」というおもしろい制度があります。

Googleのエンジニアは自分の時間の20%をなんでも好きなことに使っていいよ、と

夢中になるための3条件

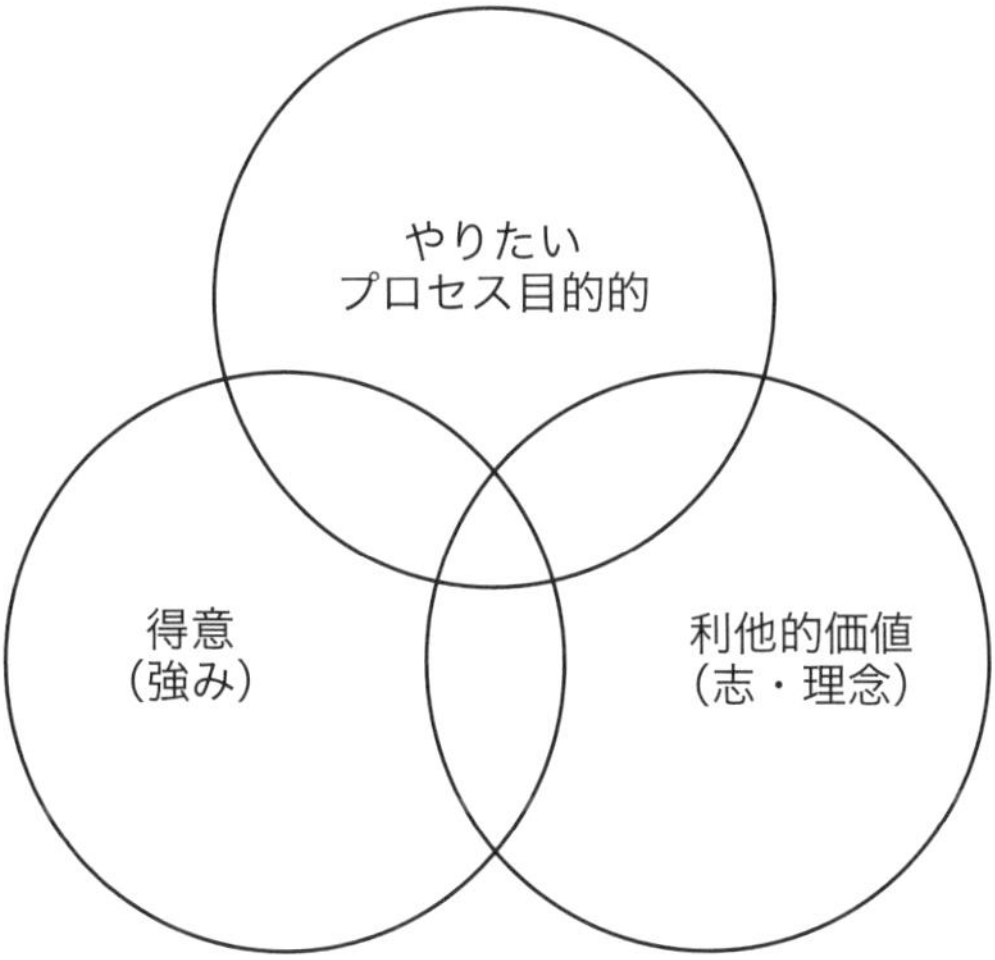

参照：仲山考材株式会社・株式会社ナガオ考務店

いうものです。

つまり、今の自分の好きなことや今の思いつきに、とりあえず20%の時間だけ使ってみて、それがうまくいきそうだったら正式に広げていこうよ、というルールです。

これは一言で言うと「今を生きていますか?」という問いかけです。

そして、それを活かすものがGoogleで取り入れられ、世界に広がった「マインドフルネス」だと私は思っています。

元来、人間というのは、未来を予測することで生きてきました。

たとえば狩猟活動においてエサとなる動物を罠に仕掛けることができるのは先の予測ができるからです。予測することで失敗を減らし成功確度を上げていきます。

一方でチーターが狩猟に成功できる確率はなんと7％以下です。チーターは大きな予測ができない分、瞬間で判断しダッシュして、取れた！ないしは、ダメだったとなるわけです。

人間だったら成功確率が7％以下しかなかったらめげるはずです。予測ができることで、先々の成功確率を上げられると同時に、どうせこれ失敗するよ、この先どうなるんだろう、などという不安にさいなまれます。

人間というのは今を生きているようで、今日も会社に行ったらこんなことで怒られるんじゃなかろうか？などと勝手に過去にとらわれ、未来を恐れてしまいます。

ましてやGoogleのエンジニアみたいに超優秀な人だと、彼ら彼女らの頭の中は未来の問題でいっぱいになってしまいます。

しかし経済学者のシュンペーターは「イノベーションとは普段つながらない遠くとつながる新結合である」と定義しました。

自分の頭の中で考えられるものは現状の延長線上に過ぎないから、まったく新しい解なんて出てこない。でも今まで出合わなかったものとつながることで、「そっか！この手があったか！」と発見になるわけです。

人間はついつい未来の不安と過去の後悔でいっぱいになってしまうものです。しかし、それは一回置いておいて、今この瞬間のプロセスそのものに集中してみるというのが、「マインドフルネス」のトレーニングなのです。

そして、今に時間を投資できる「20%ルール」。

この2つは意図して連携しているものではないですが、現状を打破するイノベーションを起こすうえで「今が大事なのだ」とGoogleの仕組みは教えてくれます。

2割の働きアリはなぜ砂糖を見つけられるのか

このようなプロセスエコノミー的な生き方を、組織として最も体現している企業の1つがNetflixです。

床にちょっと砂糖やハチミツをこぼしただけで、小さなアリが家の中に行列を作っていてビックリしたことはありませんか。甘いものや食べ物をうっかり放っておくと、必ずアリが見つけ出して狩りにやってくるのです。

アリには鳥のように空から俯瞰できる視点はありません。

なのに巣から遠く離れた台所に落ちている砂糖を、なぜアリは見つけられるのでしょう。アリにものすごい嗅覚が備わっているわけではありません。鳥のように空から地上を眺めながら「あっちの方向に行けば砂糖がある」と気づくわけでもありません。

何百匹、何千匹、何万匹という小さなアリは、朝から一日中ランダムに動き回っています。たくさんのアリがウロチョロしている中、たまたま1匹のアリが砂糖を見つけるのです。

するとアリはフェロモンを出しながら巣に帰っていきます。そのとき、巣の場所を正確に把握しているわけではありません。「あれ、巣ってたぶんこっちの方向だったよな」とうろうろしながら帰るのです。

そのアリは、残念ながら巣までたどり着けないかもしれません。でもほかのアリがフェロモンの匂いを嗅ぎつけて「誰かがエサを見つけたらしいぞ」と寄ってきます。フェロモンの痕跡をたどって歩き始めると、やがてたくさんのアリが砂糖の在り処にたどり着きます。

そこから巣へ帰る道を大勢で探しているうちに、エサの場所から巣をつなぐ動線が固定していくのです。一番濃いフェロモンを誰かがたどり、別のアリもそこに続く。こうして砂糖と巣の間に、自然と往復の行列が生まれます。

たくさんのアリが、ランダムに自分が思うがままの方向に歩んでいく。その中でたまたまAというアリが砂糖にたどり着けた。A単体だけの力では巣に帰れなかったとしても、Aが発するフェロモンを嗅ぎつけて仲間が集まってくる。「どうやら巣にたどり着いた仲間がいるらしい」とわかれば、その道にはフェロモンが二重三重に塗られていくのです。

巣とエサの間に動線を作ることに失敗したフェロモンは、乾いて匂いがしなくなります。最終的に、巣と砂糖がある場所を結ぶ最短距離の高速道路に、一番濃いフェロモンの道ができるのです。

これは結果目的的な発想や価値観がベースの社会ではありえない行動です。しかし、変化の時代を生きる私たちにとっては、このアリの「過程目的的」な行動こそが「正解の探し方」なのです。

プロセスを隠さず公開していれば、協力者が集まりやすい。アリにとってフェロモンを出す行為が、私たちにとってのプロセスの公開なのです。

プロセスの開示によって、うろうろアリだけでなく、様々な分野に秀でたスペシャリストが集まってきてくれます。すると10階建てのマンションの6階の台所にある砂糖を、宝探しのように見つけられる。鳥の目があっても見つけられないレアな砂糖を、それぞれがランダムに情熱に突き動かされて歩き回っているうちに見つけられるようになるのです。

うろうろアリが生み出したNetflix

この話がなぜNetflixにつながるのでしょうか？

唐川靖弘さん（コーネル大学ジョンソン経営大学院マネジングディレクター）は次のように指摘します。

〈目標に向かって直線的に効率良く進むのではなく、内面から湧き出る「何か」に突き動かされ、人生を楽しみながら境界線の区別なく楽しげに歩き回る。こんな「うろうろアリ」の働き方は、まさに最先端の働き方ともいえるでしょう〉（ウェブマガジン「CINRA.NET」の連載「イノベーションを生む『うろうろアリ』の働き方」より）

唐川さんは、うろうろアリを「Playful Ant」（遊び回るアリ）と英文表記しています。成果を上げよう、数字を上げようとガツガツ働くのではなく、好奇心に駆られてうろうろ遊び回るような社会に変わっていくのです。

「Playful Ant」（遊び回るアリ）を大事にする会社では「お前、何サボッて勝手なことをやってるんだ。ふざけるな」と叱られることはありません。何をやっているのかわからない不良社員を泳がせながら、イノベーションを自由に生み出していきます。

急成長を続けるNetflixの有料会員は、全世界で2億人を突破しました（2021年4月時点）。Netflixは、うろうろアリがイノベーションを生み出した一番の成功パターンなのです。


2020年10月に出版された『NO RULES 世界一「自由」な会社、NETFLIX』（リード・ヘイスティングス、エリン・メイヤー著、日本経済新聞出版）という本を読むと、『ルールがない』ことがルールだ」というNetflixの強みがよくわかります。

Netflixは最初、TSUTAYAのような単なるレンタルビデオ店でした。アメリカには、ブロックバスターというレンタルビデオ店の大手チェーンがすでにありました。ブロックバスターは良い立地を全部押さえて店を出しているため、まともに対抗しようとしても後発のNetflixに勝ち目はありません。

「このままでは負ける」と危機感を抱いたNetflixは、店舗型のレンタルビデオ店ではなく、郵送によってVHSをレンタルするモデルに業態を変えました。

1本ずつ個別課金で郵送するのは、どうも効率が悪い。そう気づいたNetflixは、月額制のサブスクリプションを導入しました。するとまた問題が発生します。月額の郵送モデルを始めてみたところ、新しく出た人気作品が一気にたくさん借りられて在庫が枯渇してしまったのです。

お客さんの不満を解消するため、Netflixはニッチな部分を攻めることにしました。「マイナーな監督の作品を全部観たい」という一気見のニーズに応えるため、レアな作品の在庫を確保して顧客満足度を高めていったのです。ＢＧＭのように、自分が好きな映像をずっと流しっぱなしにしておきたい人もいます。そんなニーズにも応えていきました。

ニッチな監督の作品を全部観たい人を満足させるために、Netflixが何をやったのか。ビデオをレンタルする顧客のデータベースを分析して、その人が次に観たくなりそうな作品をオススメするリコメンドエンジンを作りました。

マス（大衆）のニーズに応えると同時に、ロングテール（ニッチな少数派）のニーズも取りこぼさないよう努力を重ねていったのです。

そうこうするうちに、インターネットの常時接続と高速回線のインフラが実現しました。Netflixはブロックバスターというライバルにやられて逃げながら商売してきたわけですが、逃げ回りながら「次の一手」を必死で模索しているうちに、いつの間にかNetflixのビジネスのやり方が主流になっていたのです。

ネットの高速回線でログインすれば、自宅にいながら自分の観たい作品をいつでも鑑賞できる。「よし、今こそアクセルを踏もう。思いきり資金調達して、Netflixのセットアップボックスをバラまくぞ」。こうして現在のNetflixの原型が生まれました。

彼らの手元には、一部の熱狂的なユーザーから偏愛される監督や俳優の名前、さらにはユーザーに愛される作品のプロットを細かく分析したデータがあります。

そのデータを使えば「この俳優が出ているなら観る」「この監督の作品なら観る」「私は陰謀モノが大好きだ」というニーズをクロスさせて、戦略的にヒット作を仕掛けられるのです。

こうしてNetflixは「ハウス・オブ・カード　野望の階段」（原題「House of Cards」）という大人気のオリジナルドラマを生み出しました。ほかにもNetflixが次々とオリジナル映画やドラマを生み出していることは、皆さんがご承知のとおりです。

たしかな未来予想図なんて、どこにもありません。「予見できない」ということだけが、今確定している「未来」です。

ノールールのもとで、リスクを冒して挑戦するうろうろアリをひたすら応援する。「ここはちょっと違うな」と気づいたときには、プロセスの中で柔軟に軌道修正する。「今が攻めどきだ」と確信したときには、制作費を何十億円もドーン！とつぎこんでオリジナル作品をリリースしてしまう。こうしてNetflixは、ハリウッドやディズニーをしのぐ超大作をどんどん生み出すプラットフォームになったのです。

「ジグソーパズル型」から「レゴ型」へのパラダイムシフト

過程目的的なプロセスエコノミーの生き方は「正解主義から修正主義へ」を提唱する藤原和博さんの言葉を借りると、「人生の歩み方が『ジグソーパズル型』から『レゴ型』に変わった」ということもできます。

変化が激しい時代は正解の形もころころ変わります。あらかじめ正解を決めていたらNetflixは生まれていません。

今までは1つの決まった正解に向かってパズルを埋めていきました。正解はわかっていて、その最終形に向かって、他人よりも速く正確に作業をすることが求められました。しかし、何が完成するかわからないレゴブロックを組み立てていくほうが、今の時代に合っています。

自分の得意なことを活かして、それ自体を楽しみながらレゴを組み立てていく。

自分ですら最終的なゴールはわからない。ただこの瞬間が楽しいから、夢中になって没入していく。そして、その熱がまわりに伝染していき、多くの人が巻き込まれていく。

自分でも想像していなかった遠いところまでたどり着き、最終的に誰かの喜びにもなっていく。

私たちは、「こうすればバズる」「こういうのが流行る」というモノをひたすら作る機械ではありません。

私たちは「自分が作りたいものを作る」ために命を燃やすべきなのです。

プロセスエコノミーは、そんな私たちの新しい生き方を実現するため、この大激動時代を生きる一人一人の武器にもなっていきます。

より創造的でよりワクワクする未来のために、あなたのこだわりを、さらけ出しながら走りましょう。心から応援しています。

おわりに　スマートシティと「20 minutes city」

先進諸国が地球温暖化対策とカーボン・ニュートラル（脱炭素化）構想を打ち出す中、2020年9月に就任した菅義偉首相は「2050年までに日本もカーボン・ニュートラルを実現する」と宣言しました。

カーボン・ニュートラルのためには、化石燃料（石油・石炭）に依存する現在のエネルギー配分を抜本的にあらためなければなりません。太陽光発電や風力発電（再生可能エネルギー）の配分を大幅に増やし、ガソリン自動車は廃止して電気自動車に切り替える。エネルギー革命とスマートシティ化が急務です。

社会をスマートシティに切り替えるために、本書を通じて議論してきたプロセスエコノミーの発想がとても役立ちます。これまでのスマートシティ構想は「IT化と自動運転によって暮らしはこんなに便利になりますよ」「自動ですぐモノが届きますよ」といった「役に立つ」側面ばかりをアピールしてきました。でもIT化も「役に立つ」も、ほかの都市がいとも簡単にコピーできてしまいます。すると敢えてパリなり東京なりに住む意味が薄れてしまうわけです。

新型コロナによって「あれ？　オフィスなんてなくたって、リモートでもいくらでも仕事ができるじゃん」とみんなが気づきました。今までは「鉄道網が充実している」「駅前に成城石井がある」「買い物する店の選択肢が多い」「シネコンが近所にある」といった機能性を重視して、人々はわざわざ都市に住んでいたわけです。

オンラインで人々がつながれば、これらの機能は田舎にいようがすべて果たせます。となると、都市と都市がスマートシティ化の競争をしたところであまり意味はありません。敢えてそこに住む意味が感じられるのかどうか。「意味によって社会を形作っていく」というプロセスエコノミーの方向に社会が切り替わっていくのです。

スマートシティの議論の中で「20 minutes city」という構想が最近語られます。1カ月5000円払えば、町にある自動運転のコミュニティバスにいくらでも乗れて、シティサイクルを乗り捨てできる。すると20分以内で行ける場所の選択肢がグンと増えます。

「沖縄の読谷村《よみたんそん》には『やちむん』（焼き物）のアトリエがたくさんありますよ。陶芸家と一緒にアート作りを体験できますので、モノ作りをやりたい人は読谷村にぜひ遊びに来てください」

「うちの町には、農作物をどう育てているのか生産者本人が語り部となって売っているマルシェ（市場）がありますよ。新鮮でおいしい食材を手に入れられるうえに、農家の裏話まで聞けます」

そんなふうに、それぞれの村や町が自分たちのコミュニティの個性を売りにし始めるのです。

スマートシティ化が進んで便利になれば、コミュニティが昔から培ってきたミクロなナラティブ、小さくて愛おしいストーリーが個性として際立ちます。するとそこを訪れた人は「これだけmeans（意味合い）があふれている場所に私も住みたい」と思えるのです。

レゴブロックのように、過程目的的にストーリーを組み合わせて意味を引き立てるリアルな場所を「意味の集積体」に育てていく。スマートシティとプロセスエコノミーを組み合わせれば、「限界集落」とバカにされてきた地方都市だって、いくらでも都会に対抗できるのです。グローバル化と効率化に伴う社会的な負の側面は、まだまだ世界中のあちこちに残っています。そんな課題を解決するために、国連は２０３０年に向けてSDGs（Sustainable Development Goals＝持続可能な開発目標）という壮大なロードマップを掲げました。

SDGsも正解主義のゴールドリブンではなく、「プロセスに参加すること自体が楽しい。やりがいがある」というプロセスドリブンのほうがうまくいくはずです。地球的課題を解決するという壮大な目的のためにも、本書でご紹介してきたプロセスエコノミーの発想がおおいに役立つのです。

本書のたたき台となるテキストは、２０２１年１月から３月にかけてZoomで私が語り下ろしました。そのたたき台をもとに、大幅な加筆・修正と編集の手を加えています。「プロセスエコノミー」という本書のコンセプトも、語り下ろしや打ち合わせの様子も、私のオンラインサロンでフルオープンにしました。

本を執筆・編集するプロセスは密室で進めるのが常識ですが、目次をどうするかといった初期段階の打ち合わせまで含めて、包み隠さずオープンにしています。

オンラインサロンのメンバーの皆さんと１冊の本がこうしてできあがるまでのプロセスそのものを併走し、一緒に作り上げられたことは著者としての喜びですし、皆さんの楽しみにつながればなによりです。

そして、本ができあがるプロセスには、けんすうさん、西野亮廣さん、仲山進也さん、長尾彰さん、藤原和博さん、山口周さん、清水ハン栄治さん、青木耕平さん、安西洋之さん、佐渡島庸平さん、吉田浩一郎さん、伊藤羊一さん、澤円さん、猪子寿之さん、堀田創さん、武田双雲さん、岡崎かつひろさん、岩崎一郎さん、川原卓巳さん、大好きな友人いえ、それぞれのプロセス目的的な旅路を歩み続ける仲間との共鳴、物語の交換があったからここにたどり着きました。感謝です。尾原の難解な言葉を本へと昇華できたのは荒井香織さんのライティングがあったからです。

幻冬舎の担当編集者・箕輪厚介さんとの対話をきっかけに、本書は誕生しました。最後に、1冊の本を執筆・編集するプロセスに伴走し、エキサイティングな冒険を共に楽しんでくださった箕輪さんに、深く感謝申し上げます。

2021年7月

尾原 和啓

装幀
トサカデザイン（戸倉 巌、小酒保子）

ブックライティング
荒井香織

編集協力
篠原 舞

編集
箕輪厚介（幻冬舎）

プロセスエコノミー
あなたの物語が価値になる

2021年 7 月30日　第1刷発行
2021年11月30日　第7刷発行

著者
尾原和啓

発行人
見城 徹

編集者
箕輪厚介

発行所
株式会社 幻冬舎
〒151-0051 東京都渋谷区千駄ヶ谷4-9-7
電話　03(5411)6211 [編集]
　　　03(5411)6222 [営業]
振替　00120-8-767643

印刷・製本所
中央精版印刷株式会社

ISBN978-4-344-03833-2　C0095
幻冬舎ホームページアドレス
https://www.gentosha.co.jp/

この本に関するご意見・ご感想をメールで
お寄せいただく場合は、
comment@gentosha.co.jpまで。